JN037346

音声DL BOOK イタリア語エッセイ

風変わりで 愛しいニッポン

マッテオ・インゼオ

NHK出版

[**Indice** 目次]

編集協力／佐藤和代

デザイン／五味朋代（フレーズ）

撮影／森浩司

撮影協力／hiki

イラスト／シャルロット井上

校正／佐藤エレナ、染谷香織

音声吹き込み／マッテオ・インゼオ

録音／NHK出版宇田川スタジオ

🔊)) 音声ダウンロードについて

本書内で 🔊)) マークがついているイタリア語の音声を
NHK出版サイトからダウンロードできます。

まずはこちらへアクセス！　〉〉〉

 http://nhktext.jp/db-italian

本書音声のパスコード：**au823vru**

※ NHK出版サイトで該当書名を検索してアクセスすることもできます。

パソコン・スマホのどちらでもダウンロード可能！

複数の端末にダウンロードしてご利用いただくことができます。
一度パスワード登録したコンテンツは、サイトから再ダウンロードが可能です。

● スマホまたはタブレットでは、NHK出版が提供する無料の音声再生アプリ
　「語学プレーヤー」でご利用ください。

● パソコンでは、mp3 形式の音声ファイルがダウンロードできます。
　各種音声再生アプリでご利用いただけます。

※ NHK出版サイトの会員登録が必要です。詳しいご利用方法やご利用規約は、上記 Web サイトをご覧ください。

※ ご提供方法やサービス内容、ご利用可能期間は変更する場合がございます。あらかじめご了承ください。

[**お問い合わせ窓口**]

NHK出版デジタルサポートセンター
TEL **0570–008–559** （直通：03-3534-2356）

10：00 ～ 17：30（年末年始・小社指定日を除く）
※ ダウンロードやアプリご利用方法など、購入後のお取り扱いに関するサポートを承ります。

Caro Giappone

Matteo Inzeo

Circondati da parole italiane

🔊 1

Quando venni a Tokyo la prima volta, una delle cose che mi colpì immediatamente fu l'incredibile quantità di parole italiane sparse un po' ovunque per la città. Mai avrei immaginato di trovare insegne[1] con scritte come "Veloce", "Pausa" o "Presto". Questo perché all'epoca non sapevo che qui la nostra cucina fosse così amata e che ci fossero tanti ristoranti italiani. La maggior parte dei termini italiani usati in Giappone, infatti, sono legati[2] alla gastronomia e parole come "pasta", "pizza", "caffè", "mozzarella" o "gelato" appartengono di fatto al lessico di uso quotidiano. Persino i menù dei ristoranti italiani sono quasi sempre corredati[3] di traduzione in italiano anche se, spesso, con alcuni errori di ortografia, come la "r" al posto della "l". Errori che eventualmente rischiano di farti ordinare una cosa piuttosto che un'altra. Come quella volta in cui, quando ancora non avevo molta dimestichezza con il giapponese e mi affidai totalmente al menù scritto in italiano, mi ritrovai con un'insalata di "porro" anziché di "pollo". Per fortuna, quel giorno non avrei dovuto baciare nessuno!

イタリア語に囲まれて

　初めて東京に来てまず驚いたのは、街中の至る所で目にするイタリア語の数の多さでした。まさか、「ヴェローチェ（速い）」「パウザ（休憩）」「プレスト（早く）」と書かれた看板を目にするとは思ってもいませんでした。イタリア料理がとても愛されていて、イタリアンレストランがこんなにたくさんあるなんてことは、当時の僕は知りませんでしたから。実際、日本で最もポピュラーなイタリア語は料理にちなんだものが多く、「パスタ」「ピッツァ」「カフェ」「モッツァレラ」「ジェラート」などは今や日本人同士の会話にも普通に出てきます。レストランのメニューにもよくイタリア語の訳が付いてますね。たまに“l”と“r”の綴りのミスもあって、そのせいで想像していたものとまったく別のものを注文してしまうイタリア人もいるんですけど。僕がまだ日本語になじみがなかった頃、イタリア語のメニューだけを頼りに注文したら、チキン（pollo）のサラダの代わりに、ネギ（porro）のサラダが運ばれてきたことがあります。幸い、その日は誰にもキスすることがなかったので良かったけど！

---

1 insegne: （店などの）看板、標識 < insegna
2 legati: 関係がある < legare 結ぶ、つなぐ
3 corredati: 付けられた < corredare 備える、付ける

Circondati da parole italiane

Nei ristoranti, ma anche nei bar italiani, c'è poi questa tendenza[4] da parte dello staff giapponese a salutare in italiano i clienti. Sentendosi dire "Buongiorno" o "Buonasera", un giapponese magari pensa "Wow! Che bello!". Ma noi italiani, oltre a ricambiare il saluto, senza pensarci due volte[5] diremmo: "Ah! Parla italiano?". Poi, quando ordiniamo il nostro panino e ci sentiamo dire: "Panini, uno per favore!", ci rendiamo conto che non è proprio così! In questi casi io faccio sempre notare: "No, guardi che panini è plurale! Si dice un panino!". Sì, lo so! Alquanto petulante[6]. Ma che ci volete fare?[7] Trattasi di pura deformazione professionale[8]!

　イタリアンレストランやカフェでは、日本人スタッフがお客さんにイタリア語で挨拶する習慣もありますね。"Buongiorno（こんにちは）"、"Buonasera（こんばんは）"と聞いた時、日本人のお客さんは「あら！　ちょっとおしゃれね！」と感じるかもしれません。一方、僕たちイタリア人は、挨拶を返した上で、即座に「すごい！　イタリア語を話せるんですか？」と言うでしょう。けれどサンドイッチを頼んだ時のスタッフ同士の「パニーニ、ウーノ、ペル・ファヴォーレ！（パニーニ、1個お願いします！）」と言う会話を聞いて、あれっ？　と思うのです！　こういう時、僕は注意して「あの〜、"panini"は複数形なんですよ！　正しくは"panino"ですよ！」と訂正します。分かってます！　かなりおせっかい。でも職業柄くせになっているのでしかたがないのです！

4　**c'è questa tendenza:** 〜する傾向がある　tendenza 傾向
5　**senza pensarci due volte:** 思わず、即座に
6　**petulante:** 口うるさい、生意気な
7　**che ci volete fare?:**（あなたたちは）一体どうしたいって言うんだ？
　→どうしようもない、しかたがない
8　**deformazione professionale:** その職業特有のくせ
　deformazione ゆがみ、変形　professionale 職業の、職業に関する

Comunque, l'uso della lingua italiana non si limita a[9] questo. Dai cartelloni pubblicitari alle riviste di moda, dai nomi dei condomini a quelli delle automobili, ogni angolo della città è costellato di[10] scritte in italiano. Talvolta verrebbe però da chiedersi quali siano i criteri con cui certi nomi vengono scelti. Ad esempio, quando vidi la rivista "MEN'S NON-NO" pensai subito: "Sarà una rivista per uomini di una certa età". Solo che in copertina ci sono sempre ragazzi giovani! O quando uscì quella macchina chiamata "Passo" e mi dissi: "L'avran chiamata così perché essendo piccolina 'passa' facilmente in tutte le stradine della città". Dubbi ai quali non ho mai trovato risposte!

Ma perché questa diffusione dell'italiano? Innanzi tutto, il *made in Italy* oltre che nella gastronomia riscuote un grande successo mondiale anche nel cinema, nell'arte e nello stesso stile di vita. Per questo motivo molti termini italiani sono entrati a far parte del lessico internazionale e il loro utilizzo contribuisce così a dare un che di[11] esotico e chic. Un'altra ragione è da ricercare, a mio avviso, nel fatto che l'ita-

　ともあれ、イタリア語が使われているのはこれだけにとどまりません。広告看板やファッション誌、マンションから自動車の名前まで、街の至る所でイタリア語を見かけます。たまにどういう意図でこんな名前にしたのかと聞きたくなるものもあります。例えば、「MEN'S NON-NO」(nonno＝おじいさん)という雑誌を見た時は、「きっとお年寄りの男性向け雑誌だね」とすぐに思いました。しかし表紙はいつも若い男性です！　また、「パッソ」という車が発売された時は、「コンパクトでスムーズに狭い道を通れる(passo)からこの名前なんだろうな」と考えました。この疑問には未だに答えが見つかっていません！

　それにしてもどうしてこんなにイタリア語が溢れているのでしょう？　まず、食だけでなく映画や芸術、ライフスタイルまで「メイド・イン・イタリー」は世界中で絶大な人気を博しています。このため、イタリア語の数多くの単語が国際的に通じる用語になり、そういう言葉を使うことで、エキゾチックでおしゃれな雰囲気を醸し出せるのでしょう。もうひとつの理由は、イタリア語と日本語が発

9　si limita a: 〜までに限る、〜にとどまる ＜ limitarsi a...
10 costellato di: 〜をちりばめた、〜だらけになった ＜ costellare 〜をちりばめる、まき散らす、詰める
11 un che di: 何か〜なもの

liano e il giapponese sono due lingue molto simili dal punto di vista fonetico e, salvo qualche rara eccezione, si leggono così come sono scritte. Per cui, essendo facile da pronunciare, per un giapponese l'italiano è anche facile da ricordare.

Ad ogni modo[12], una cosa è certa: quando un turista italiano, che non ha mai studiato giapponese e che non ha nessuna familiarità con gli ideogrammi, s'imbatte[13] qua e là in parole italiane, per quanto buffe[14] o scritte male, non può che provare una sorta di sollievo[15] e sentirsi un po' come a casa sua anche in un paese così lontano e diverso, sia per lingua che per cultura, come il Giappone.

音的によく似ていて、いくつかの例外を除いて、どちらも文字の通りに発音するからではないかと思っています。日本人にとってイタリア語は発音しやすく、覚えるのも簡単なのですね。

　日本で見られるイタリア語が、時に綴りが間違っていても、意味的にちょっと変でも、いずれにせよひとつだけ言えることがあります。日本語を勉強したことがなくて、漢字がまったく分からないイタリア人観光客にとっては、言葉や文化が自分の国と全然違う日本の街中でイタリア語を見つけると、まるで自分の家にいるようにホッとするということです。

---

12 ad ogni modo: とにかく、どちらにせよ
13 s'imbatte: 出会う< imbattersi 遭遇する
14 buffe: こっけいな、おかしな、不思議な < buffo
15 una sorta di sollievo: ほっとしたような気分　una sorta di...
　　〜のようなもの　sollievo 慰め、安心、救い

I "convenience store":
come farne a meno?

🔊 2

"Oddio! Ho dimenticato di comprare il latte". Da bambino, spesso e volentieri[1] la domenica sera capitava di sentire mia madre esordire con queste parole. A quei tempi, trovare un supermercato o un alimentari aperti di domenica era praticamente impossibile, figuriamoci[2] di sera. Fuori ogni discussione. Non vi dico, allora, le scene in casa Inzeo: "Ma dove hai la testa? Voglio il divorzio!" diceva mio padre. "Come facciamo domani mattina senza latte?" aggiungeva mia sorella in lacrime e io: "Domani resto a casa". Per me ogni scusa era buona pur di marinare la scuola[3]. Va bene, forse avrò un pochino esagerato, ma vi assicuro che ogni volta era peggio di una tragedia greca. D'altronde[4] come rinunciare al caffellatte a colazione, soprattutto di lunedì mattina? Improponibile!

Probabilmente qui in Giappone, grazie all'invenzione straordinaria e direi anche salva famiglie conosciuta con il nome di "convenience store", oggi una situazione del genere non avrebbe ragion d'essere[5]. Meglio noti con l'abbreviazione di *konbini*, i

コンビニエンスストア：
なくてはならない存在？

　「しまった！　牛乳を買い忘れちゃった」。子どもの頃、日曜日の
夕方になると、こんな言葉が母の口から出てくることがよくありま
した。当時、日曜日に開いているスーパーや食料品店はもちろん
なかったし、さらに夕方なんて、とんでもない、ありえない話です。
こんな時、インゼオ家では皆さんには想像もつかないような大騒
ぎになりました。「何を考えてるんだ？　もう離婚だよ！」と父が言い
ます。「牛乳なしで明日の朝どうすればいいの？」と妹が泣きわめき、
僕は「明日は一歩も家から出ないからね」と付け足します。僕は学
校をサボれるなら何でもよかったんですけどね。まあ、少し大げ
さかもしれませんが、ギリシャ悲劇よりひどいありさまだったと言っ
て間違いありません。だって、朝食のカフェラッテをどうやって諦
めろって言うんですか？　特に月曜日の朝なんて？　考えられない！
　最近の日本では、このような愁嘆場はありそうもないなと思い
ます。それは、家庭も救ってくれる「コンビニエンスストア」とい
う優れものが発明されたからです。略してコンビニとも呼ばれる

1　**spesso e volentieri:** しょっちゅう　spesso たびたび、何度も
　　volentieri 喜んで
2　**figuriamoci:** まさか、とんでもない < figurarsi
3　**marinare la scuola:** 学校をサボる
4　**d'altronde:** それでもやはり、だがしかし、一方では
5　**non avrebbe ragion d'essere:** 存在理由がないだろう

"convenience store" (la cui traduzione letterale suonerebbe più o meno come "negozi di comodità") sono dei piccoli esercizi commerciali situati in ogni angolo della città e dove è possibile acquistare di tutto: dai generi alimentari come formaggio, latte, pasta, riso, biscotti e cereali a vari tipi di bevande, incluse quelle alcoliche. Dai prodotti per la casa come detersivo per i piatti, carta da cucina, ammorbidente e sturalavandini alla biancheria intima. E poi ancora penne, matite, quaderni, carta da lettere; batterie, caricabatterie, ricariche telefoniche; chiodini, martelli, accendini e sigarette; creme per il viso, schiuma da barba, riviste, libri, quotidiani e via dicendo. Per farla breve[6], se dovessi ritrovarti improvvisamente a corto di[7] carta igienica o dentifricio, niente paura: un salto al[8] *konbini* più vicino e i tuoi problemi sono risolti. Anche nel cuore della notte. Eh già, perché non avevo ancora fatto alcun cenno alla parte più importante: la maggior parte di questi negozi sono aperti tutto l'anno ventiquattro ore su ventiquattro!

Ma non finisce qui! Nei "convenience store" giap-

コンビニエンスストア（直訳すると「便利なお店」）は、街の至る所にある、様々な商品を売っている小さなお店です。チーズ、牛乳、パスタ、お米、ビスケット、シリアルのような食料品からお酒を含む様々な飲み物まで。食器用の洗剤、キッチンペーパー、柔軟剤、ラバーカップのような日用品から下着まで。そしてまた、ペン、鉛筆、ノート、便箋から電池、充電器、携帯のプリペイドカード、釘、ハンマー、ライター、タバコまで。さらに、フェイスクリーム、シェービングフォーム、雑誌、本、新聞などなど。要するに、急にトイレットペーパーや歯磨き粉が切れてしまっても心配いりません。家の近くのコンビニに駆け込めば問題は解決。夜中でさえそうですよ。そう、一番大事なことを言い忘れていましたが、なんとこうしたお店の多くは24時間年中無休で営業しているんです！

　でも、まだこれで終わりではありません！　日本のコンビニエン

6　**per farla breve:** 要するに、手短に言えば

7　**a corto di:** 〜切れ、不十分に、不足して

8　**(fare) un salto al:** 〜にちょっと立ち寄る　salto 跳ぶこと、急な移動

ponesi è possibile pagare le bollette, spedire e ritirare pacchi, fare fotocopie e acquistare biglietti per
concerti. Inoltre, sono in vendita tramezzini, panini,
onigiri (la tradizionale polpetta di riso rivestita con
alga) e altri cibi precotti da riscaldare al momento.
Una vera e propria manna dal cielo[9] per tutti quei
"salary man" impegnatissimi che non hanno nemmeno il tempo di fermarsi a mangiare qualcosa
fuori per la pausa pranzo. Da non dimenticare poi
l'angolo caffè con tavolini e sedie dove consumare i
prodotti acquistati e l'area fumatori, presenti soprattutto in quelli delle catene più diffuse. Insomma,
potremmo quasi paragonare i *konbini*, che in Giappone sono più di 50.000, a una specie di paradiso
terrestre[10] senza il quale sarebbe impossibile vivere.

C'è un dubbio però che mi assale da quando abito
qui a Tokyo. Solo nel tragitto che va da casa mia alla
stazione – poco meno di duecento metri – troviamo
la bellezza di cinque[11] "convenience store" di cui due
sono addirittura della stessa catena. La mia domanda è questa: è pur vero che[12] siamo in una grande
metropoli e che Tokyo conta più di tredici milioni di

ンスストアでは公共料金の支払い、小荷物の発送や受け取り、コピー、コンサートチケットの購入も可能です。それに、サンドイッチ、パニーニ、海苔(のり)に包まれた昔ながらのおにぎりやその場で温められる調理済み食品まで販売されています。お昼休みに外でご飯を食べる時間すらない、とても忙しいサラリーマンにとってはまさに天のたまもの。お店で買ったものが食べられるテーブルと椅子付きのカフェコーナーと喫煙所も忘れてはいけません。これらは、大手のチェーン店には大体あるものですね。つまり、日本全国に5万店舗*以上もあるコンビニは、もはやなくては生きていけないオアシスのような存在と言っても過言ではないでしょう。

　でも、東京で暮らし始めてからずっと疑問に思っていることがあります。僕の家から駅までの200メートルもない道沿いだけで、コンビニがなんと5軒もあります。そのうちの2軒は同じチェーン店。人口1300万人を超える大都市、東京とはいえ、こんなにた

9　manna dal cielo: 天のたまもの、幸運
10　paradiso terrestre: 地上の楽園、エデンの園
11　troviamo la bellezza di cinque: なんと〜が5つもある
12　è pur vero che: 〜にしても
＊　日本フランチャイズチェーン協会データより。2019年12月現在

abitanti, ma è proprio necessario che[13] ce ne siano
così tanti e per di più[14] uno attaccato all'altro? La
comodità è davvero tutto nella vita? A volte, quando
vado in uno di questi negozi, dove l'unico scambio
di battute con il commesso di turno si riduce a un
meccanico "Serve la busta?" "No, grazie", ripenso
con nostalgia a quelle domeniche in cui rimaneva-
mo senza latte. Allora, mia madre, non avendo altra
scelta, mi mandava al bar sotto casa. Quando Gigi,
il proprietario, mi vedeva all'ingresso, senza chie-
dermi niente e con un ghigno stampato in faccia, mi
diceva semplicemente: "Ci risiamo, eh?". E subito
dopo, oltre a regalarmi del latte tirato fuori dal fri-
gorifero sotto il bancone, qualche volta mi offriva i
cornetti per la colazione del giorno dopo. Grande
Gigi! Chissà quante altre famiglie avrà salvato?!

くさんの隣接するコンビニが本当に必要でしょうか？ 人生におい
て「便利さ」がすべてでしょうか？ 店員さんと「袋いりますか？」
「結構です」という機械的な会話しか交わすことがないコンビニ
に行くと、僕は時々、牛乳を切らした日曜日のことをなつかしく振
り返ってしまいます。あの頃、母はしかたなく家の近くのバールま
で僕を使いに出しました。入り口で僕の姿を見たバールのオー
ナーのジジさんは、何も聞かずに微笑みながら「またやっちゃっ
たね」と言っていました。そして、すぐにカウンターの下の冷蔵庫
から牛乳を取り出し、無料でくれただけでなく、たまに翌朝のた
めのクロワッサンもくれました。なんて素晴らしいジジさん！ 僕
たち以外にもきっとたくさんの家庭を救っていたんでしょうね？！

---

13 è proprio necessario che: 〜が本当に必要だろうか？ ＜ essere
necessario che+接続法
14 per di più: おまけに、その上

Questione di gusti? Prima parte

🔊 3

Tra le svariate professioni "curiose" esistenti in Giappone ce n'è una in particolare che mi ha colpito subito sin da quando sono approdato qui: quella del *gourmet reporter*. Questa sorta di "inviato gastronomico" ha il compito di presentare all'interno dei programmi televisivi di cucina o di viaggio, le varie leccornie culinarie che incontra lungo[1] il suo percorso in ristoranti, bancarelle, mercatini, grandi magazzini e quant'altro[2], cercando di descrivere nel modo più concreto e preciso possibile al telespettatore il gusto dei prodotti che assaggia. Nella maggior parte dei casi questo ruolo è assegnato a un conduttore televisivo o a personaggi del mondo dello spettacolo, come comici, attori o cantanti ospiti di una trasmissione e quindi in realtà non si potrebbe neppure parlare di mestiere vero e proprio. Resta il fatto che[3] su quasi tutte le reti televisive giapponesi, buona parte del palinsesto è dedicata alla presentazione di cibi e in qualsiasi fascia oraria della giornata si accenda la TV è facilissimo imbattersi in uno dei tanti *gourmet reporter* impegnati nella descrizione di un piatto di *ramen*, *sushi* o pasta.

味の好みは人それぞれ？　その1

　日本には少し変わった職業が数多くありますが、それらの中で僕が来日して最初に印象に残ったのが、「グルメ・リポーター」という仕事です。「グルメ・コメンテーター」とも言われるこれらの人々は、料理番組や旅番組内で、レストランとか屋台、市場、デパ地下などで出会うおいしい料理を紹介し、試食しながら視聴者になるべく具体的かつ正確にその味を伝える役割を果たしています。多くの場合、この仕事はテレビのMCとか番組ゲストのお笑い芸人、俳優、歌手のような芸能界の人に任されるので、実際のところは独立した職業と言っていいのかも分かりません。とは言え、ほとんどの日本のテレビ局では、放送のかなりの時間が料理の紹介に割り当てられ、どの時間帯でもテレビをつけると、グルメ・リポーターがラーメンやお寿司、パスタなどを「食レポ」している場面が見られます。

1　**lungo:** 〜の間に、途中で
2　**quant'altro:** などなど
3　**resta il fatto che:** 実際は〜である、要するに〜ということだ

Qual è dunque il motivo dello stupore di cui vi parlavo all'inizio, di fronte a questa figura così popolare in Giappone? Intanto in Italia, sebbene siano numerosissimi i programmi di cucina, il "commentatore gastronomico" non esiste, se non in un determinato contesto specifico dove magari sono interpellati[4] degli esperti di cucina o cuochi professionisti per giudicare concorrenti in una sfida all'ultima padella[5] o per recensire un ristorante. Per cui difficilmente vedremo personaggi famosi italiani mangiare qualcosa in TV e tanto meno commentarla. Ma ciò che mi stupisce di più quando vedo uno di questi *reporter* giapponesi in azione è il modo, a volte anche un po' "teatrale", in cui eseguono le loro telecronache[6]. È quasi come assistere a un rito cerimoniale che parte dal gesto delle mani con le quali si crea uno spostamento d'aria per emanare i profumi inebrianti della pietanza verso il naso. Si prosegue poi affondando i bastoncini sul piatto per afferrare la "preda" e sollevarla, tenendola ben salda e ben in vista davanti alla telecamera. Ed ecco a questo punto un bel primo piano[7] sul viso estasiato nel momento

　では，どうして僕は日本でこんなになじみのある存在に対して驚いたのでしょうか？ まず，イタリアでは料理番組が数多くあるにもかかわらず，「食のコメンテーター」というものが存在しません。仮にいたとしても，料理に詳しい人とかプロのシェフであり，テレビの料理コンテストなどで必死に戦っているチャレンジャーを審査したり，レストランを評価したりするような特別な場面にしか出てこないのです。と言うわけで，イタリアのテレビで芸能人が料理を食べるシーンはまず見られません。ましてや食事をレポートするなんていうこともないのです。日本のグルメ・リポーターの活躍を見るたびにもっとびっくりするのは，時に少し芝居がかった彼らの食レポのやり方です。まるで儀式に参加でもしているような感じで，料理を手で煽いでうっとりするほど良い香りを鼻の方に手繰り寄せるのがスタート地点。次に箸をお皿の上に持って行き，「獲物」をつまみ上げ，しっかり固定しながらカメラの前に見せます。ここで，待ちに待った料理をやっと口に入れる瞬間の

---

4 sono interpellati: 意見を求められる ＜ interpellare 質問する、説明を求める

5 sfida all'ultima padella: 必死の覚悟での戦い　sfida 対決　padella フライパン　sfida all'ultimo sangue「一方が死ぬまで続ける決闘」という言い回しのもじり

6 telecronache: テレビのニュース解説、レポート ＜ telecronaca

7 primo piano: クローズアップ

in cui finalmente si azzanna il boccone tanto ago-
gnato, per poi masticare lentamente, ingoiare e dare
il via alla[8] propria descrizione su quanto assaggiato:
"Mm... Ma cos'è? Non avevo mai mangiato una
carne d'agnello così buona! Non ha un odore forte e
ha un gusto intenso, ma leggero. Guardate poi che
spessore! Ciononostante è così tenera da sciogliersi
in bocca. E questa salsa agrodolce... un connubio
perfetto! Il contorno di patate poi è squisito: croc-
canti esternamente, ma morbide all'interno". Un registro linguistico da fare invidia a[9] un trattato filo-
sofico e un'accuratezza nei dettagli non solo per
quanto riguarda il sapore, ma anche per la consistenza, gli aromi, l'aspetto e non ultima la presentazione.

Il bello è che questa abitudine di descrivere con
dovizia di particolari[10] ciò che si mangia trascende
dalla televisione e si ritrova anche sulle tavole della
gente comune nella vita di tutti i giorni. E allora in
Giappone, quando una pizza è buona non è buona
e basta, ma "è soffice ed elastica ed ha un sapore de-
licato" e così via[11]. Considerato, però, che nel voca-

恍惚とした表情のクローズアップ。そしてゆっくり嚙み終わったら飲み込み、食レポが始まるのです。「うーん……。何ですかこれ? こんなにおいしいラム肉は食べたことがありません! 臭みはまったくなく、濃厚でありながらさっぱりしています。さらに、ご覧ください、この分厚さ! それなのに、まるで口の中でとろけるくらい柔らかい。しかもこの甘酸っぱいソース……、なんという絶妙なハーモニー! つけ合わせのじゃがいももすごくおいしい。外はカリカリ、中はしっとり」。哲学概論にこそふさわしいこの言葉遣いは何でしょうね? 何より大事なプレゼンテーションである食レポを慎重に進め、味だけでなく、食感、香り、見た目などあらゆる角度からレポートするまめさもなんて素晴らしいことか。

　でも、何が一番おもしろいかというと、食べ物についての感想を詳しく述べるこの習慣がテレビを超え、一般の人たちの日常の食卓にまで及んでいることです。日本ではピッツァがおいしい時は、単なる「おいしい」ピッツァなだけではありません。「モチモチして、弾力のある、あっさりしたおいしい」ピッツァになるわけです。まあ、日本語には食べ物の食感を表す語句だけでも400語以上

8　**dare il via a:** 〜を開始する
9　**da fare invidia a:** 〜にねたみの気持ちを起こさせるほどの、〜に強く望まれるほどの
10　**dovizia di particolari:** 非常に細かく、詳細に　dovizia 豊富さ
11　**e così via:** などなど

bolario giapponese esisterebbero più di quattrocento parole solo per descrivere la consistenza di un prodotto alimentare, ci si fa un'idea abbastanza chiara di quanto qui sia importante condividere con il prossimo qualsiasi tipo di esperienza gastronomica.

Tuttavia, quando mi capita di sentire un giapponese commentare ciò che mangia in TV, sorrido... Mi fa ripensare a noi italiani un po' più diretti e meno cerimoniosi[12] che quasi sicuramente nella stessa situazione, senza troppi fronzoli[13] e in un italiano maccheronico, commenteremmo con un semplice: "Ammazza che bono[14]".

もあると言われていることを考えると、日本人にとってはすべての
グルメ体験を周りの人とシェアすることがどれだけ大切なのかが
分かりますね。

　それでも、テレビで食レポしている日本人を見るたびに僕は思
わず微笑んでしまいます……。日本人よりちょっとストレートで、
ちょっと大雑把なイタリア人のことを思い出してしまうからです。
同じシチュエーションだったら、きっと飾り気なく、少しなまった
イタリア語でシンプルにこんなコメントをするでしょうね。「めっちゃ
うまいじゃん」。

---

12 cerimoniosi: 儀礼的な、儀礼好きな < cerimonioso
13 senza fronzoli: 率直に、飾り気なく < fronzolo 装飾、ごてごてした
飾り
14 Ammazza che bono.: （ローマ弁）すごくおいしい。ammazza（感
嘆を表す）わあ、すごい　bono = buono

Questione di gusti? Seconda parte

🔊 4

Nel capitolo precedente vi ho parlato del *gourmet reporter* giapponese e di come questa particolare figura risultasse un po' strana agli occhi di un italiano. Questo perché da noi non esiste l'abitudine di commentare in modo dettagliato ciò che si mangia, non solo in TV ma nemmeno nella vita quotidiana. Dopo aver letto la prima bozza[1] di quell'articolo, la responsabile della casa editrice mi ha stupito dicendomi una cosa sulla quale non avevo mai riflettuto più di tanto: "Pensavo che in Italia, paese della buona cucina, ci fosse un numero infinito di parole per descrivere il cibo". Effettivamente la nostra è considerata una delle migliori cucine al mondo e sicuramente noi italiani siamo un popolo di buone forchette[2]: ci piace mangiare bene, cerchiamo di esaltare al meglio gli ingredienti che utilizziamo, siamo sempre alla ricerca di prodotti di prima qualità e quando si tratta di cibo, diciamocelo, non badiamo a spese[3]. Però, malgrado la nostra grande passione per la buona cucina, nel momento in cui ci ritroviamo ad assaporare un buon piatto, le parole spese per decantarne le caratteristiche sono estre-

味の好みは人それぞれ？ その2

　「その1」で日本のグルメ・リポーターについて、そしてなぜイタリア人にはその特殊な存在が少し変わって見えるかということについてお話ししました。イタリアでは、テレビだけでなく日常の生活においても、食事を細かく食レポする習慣がないのです。担当編集者に「その1」の原稿を読んでもらった後の「グルメの国イタリアには、料理を描写する言葉が無限にあると思ってました」という言葉にはっとしました。そのことについてそれほど考えたことがなかったからです。確かにイタリア料理は世界最高の料理のひとつとされ、僕たちイタリア人が食いしん坊の民族であることは間違いありません。おいしい料理を食べることが好きだし、食材そのものを生かすことにエネルギーを注ぐし、より上質な食品を常に求めています。食べ物のことならはっきり言って、どれだけお金を使ってもまったく気にしないのです。でも、グルメに対してこんなに情熱を持っているにもかかわらず、おいしいご飯を食べた時、その味を描写するための言葉はほとんど出ませんし、特に

1　**bozza:** ゲラ、原稿
2　**buone forchette:** 健啖家、食いしん坊 < buona forchetta
3　**non badiamo a spese:** 費用のことなど気にしない < non badare a spese

mamente limitate, soprattutto per quanto riguarda la consistenza. Ciò è dovuto in primo luogo a un problema tecnico di carenza[4] di vocaboli rispetto alla lingua giapponese. Se in Giappone, come vi accennavo l'altra volta, si dice che ci siano più di quattrocento termini per descrivere la consistenza di un prodotto alimentare, in Italia si conteranno sì e no[5] sulla punta delle dita. Quindi se in giapponese le fettuccine sono *mochi-mochi*, la frittata *fuwa-fuwa* e il pan di spagna *shittori*, in italiano tutte e tre le pietanze sono descritte con un unico aggettivo: "soffice". Inoltre credo dipenda soprattutto da una questione di abitudine: non lo facciamo semplicemente perché non fa parte della nostra cultura. E questo spiega la ragione per cui[6] forse da un italiano non sentirete mai dire all'interno di una normale conversazione: "Mm... queste fettuccine sono soffici". Infatti quello che per noi conta di più nella valutazione di un piatto è il sapore: se è salato o insipido, dolce o amaro e più in generale se è buono o meno. Non a caso laddove[7] in giapponese abbiamo solo *oishii* e *umai*, per dire "buono" in italiano esiste una grande

食感に関してはなおさらです。なぜなら、まず根本的な問題として、日本語に比べると食感を表す言葉が元々少ないからです。前話でも書きましたが、日本語には食感を表す語句だけで400語以上あると言われるのに対して、イタリア語では片手で数えられるくらいです。したがって、日本語でフェットゥッチーネは「モチモチ」、オムレツは「フワフワ」、スポンジケーキは「しっとり」していると言うのに、イタリア語になるとこれらの食べ物はすべて"soffice（柔らかい）"というたったひとつの言葉で形容されるわけです。もうひとつの理由は習慣の問題にあると思います。食感について語らないのは、単純に僕たちの文化にはそういう習慣がないからです。普通の会話の中で、イタリア人が「うーん……、このフェットゥッチーネ、モチモチしている」とコメントするのを耳にすることはおそらくないでしょう。と言うのも、料理を評価する時、僕たちにとって何が大事かと言うと、味だからです。しょっぱいか薄いか、甘いか苦いか、つまり全体的においしいかどうかということが大事なのです。日本語では「おいしい」と「うまい」と

---

4 **carenza**: 欠乏、不足
5 **sì e no**: おそらく、かろうじて、およそ
6 **questo spiega la ragione per cui**: これは〜の理由を明らかにする
7 **laddove**: 〜であるのに（対して）、一方

quantità di sinonimi come "ottimo", "delizioso", "squisito", "divino[8]", "eccezionale[9]", "superlativo[10]", "da leccarsi i baffi[11]" e chi più ne ha più ne metta[12].

Questo ovviamente non significa che a tavola in Italia non amiamo esprimere un parere su quel che mangiamo. Anche a noi piace questo momento di convivialità[13], senza però addentrarci troppo nei particolari. Forse perché ci relazioniamo con il cibo in modo diverso e il piacere sensoriale che proviamo nel gustare qualcosa di buono è un'esperienza personale che vogliamo rimanga tale (tant'è vero che da noi non c'è nemmeno l'usanza di dividere i pasti con i commensali).

Proprio per questo motivo, quando per la prima volta andai in Italia per un'esterna del programma "Corso di italiano in TV" della NHK, incontrai non poche difficoltà. Tra le bellissime mete turistiche dell'Emilia-Romagna, presentammo diversi ristoranti e prodotti tipici locali, e quindi ebbi anche l'occasione di fare da "commentatore gastronomico". Quando assaggiavo qualcosa davanti alla telecame-

いう単語しかないのに、イタリア語では"ottimo"、"delizioso"、"squisito"、"divino"、"eccezionale"、"superlativo"、"da leccarsi i baffi"などなど、それに当たる類語が数多くあるのも偶然ではないかもしれません。

　もちろん、イタリア人が食事中に料理についてコメントすることが嫌いだと言っているわけではありません。僕たちもこういった食卓の楽しみを分かち合うのは好きですが、ただ味について細かく分析することはあまりないですね。たぶん、食べ物との関わり方が日本人と違い、おいしいものから得た快感は個人的な体験のままにしておきたいのではないかと思います（他人と食事をシェアする習慣がないのも、このためなのかもしれません）。

　そういうわけで、NHKの「テレビでイタリア語」で初めてイタリアのロケに行った時、少しひどい目にあったのです。エミリア・ロマーニャ州の素敵な観光スポットを訪れて、いくつかのレストランや名物料理を紹介したので、食レポする機会もありました。けれどもいざカメラの前で何かを食べる段になったら、恥ずかしい

---

8 **divino**: 神がかっている、完璧である
9 **eccezionale**: 並外れておいしい
10 **superlativo**: 最高においしい
11 **da leccarsi i baffi**: 髭を舐めたくなるくらいおいしい
12 **chi più ne ha più ne metta**: 云々、しかじか
13 **convivialità**: 食卓の楽しみ

ra, però, un po' perché mi sentivo in imbarazzo[14] e un po' perché non avevo idea di come si facesse, le uniche parole che uscivano dalla mia bocca erano "buono" o "buonissimo". Sapeste l'ansia del regista il quale puntualmente interrompeva la scena: "Buono? Ma buono come? Potresti cercare di essere più preciso?". Purtroppo per lui, non fui in grado di[15] rispondere alle sue aspettative e gran parte dei commenti relativi alla gastronomia locale furono affidati alla voce narrante giapponese! Ebbene, tutto questo per dire che se avete bisogno di un *gourmet reporter*, meglio non chiederlo a un italiano o tanto meno a me!

やらやり方が分からないやらで、僕の口から出てきた言葉は「おいしい」と「とてもおいしい」だけでした。ディレクターがどれだけ不安だったかは皆さんお分かりだと思いますが、彼はすぐにカメラを止めてこう言いました。「おいしい？ どうおいしい？ もうちょっと具体的に教えて！」。残念ながら、その期待には応えられず、現地グルメの食レポのほとんどは日本語のナレーションに任せることになりました！ つまりどういうことかと言うと、グルメ・リポーターが必要になったらイタリア人には頼まない方がいいですよ！ 少なくとも僕には……ですかね。

---

14 mi sentivo in imbarazzo: 困惑していた、恥ずかしかった
　　< sentirsi in imbarazzo
15 non fui in grado di: 〜をすることができなかった < essere in
　　grado di...

L'impero dei distributori automatici

5

Sì, sono pienamente consapevole di[1] quanto il titolo possa suonare un tantino[2] esagerato e in questo momento vi starete chiedendo che cosa ci potrà mai essere di così straordinario in un distributore automatico da volervi addirittura dedicare un capitolo di questo libro. Probabilmente qui in Giappone agli occhi di molti non risultano che come delle banali macchine dispensatrici di bevande, ma per uno straniero i distributori automatici giapponesi, meglio noti come *jihanki*, sono oggetto di[3] grande stupore per una lunga serie di ragioni.

Innanzi tutto, oltre alla stragrande quantità di suddette macchine – pare che nel 2018 si sia raggiunto un numero di distributori di circa quattro milioni e duecentotrentamila in tutto il paese – ciò che sorprende di più sono i vari luoghi in cui queste apparecchiature sono dislocate[4]. Se in Italia di solito i distributori automatici sono installati all'interno di spazi sorvegliati come scuole, università, ospedali e sui binari delle stazioni, qui in Giappone se ne vedono ovunque nel vero senso della parola: nei giardini pubblici, all'ingresso di edifici, nei grandi magazzini,

自動販売機の帝国

　はい、自分でもよく分かっています。このタイトルはかなり大げさに聞こえるでしょうし、果たして自動販売機というものが本当にこの本のテーマになるほどすごいのか、と今この瞬間にも思っている人もいるでしょう。おそらく多くの日本人にとっては、飲み物を出してくれるただの機械でしょうが、外国人にとっては、「自販機」として知られる自動販売機は様々な驚きが詰まった優れモノなのです。

　2018年に全国で423万台＊に達したと言われる自動販売機の設置数はもちろんのこと、僕たちがすごくびっくりするのはこの機械が置かれている場所なんです。イタリアだと自動販売機は学校、大学、病院、駅のホームのような監視の目がある場所に設置されているのに対して、ここ日本ではまさに言葉通り「どこでも」見ることができます。公園、建物の入り口、デパート、エキナカ、

1　**sono consapevole di:** 〜を意識している、自覚している ＜ essere consapevole di...
2　**un tantino:** 少し、（皮肉に）むしろ、かなり ＜ tanto
3　**sono oggetto di:** 〜の対象、〜の的である ＜ essere oggetto di...
4　**sono dislocate:** 配置されている ＜ essere dislocato
＊　日本自動販売システム機械工業会HPより

nelle stazioni, nei parcheggi, accanto ad ascensori, nei templi e anche in strada, il più delle volte ad una distanza di nemmeno trenta metri l'uno dall'altro. Una cosa del genere in qualsiasi altro paese del mondo sarebbe inconcepibile: provate a lasciare incustodito[5] uno di questi box colorati pieni di contanti e altri ben di Dio[6] in mezzo alla strada. Come dite? Saccheggiato e senza un soldo al suo interno dopo qualche giorno? Magari fosse solo questo! Non troveremmo neppure il distributore stesso perché sicuramente qualcuno se lo porterebbe via!

Un altro motivo per cui noi stranieri rimaniamo spesso a bocca aperta[7] di fronte ai distributori automatici giapponesi è la varietà dei prodotti che essi vendono. Mentre in Italia questi forniscono per lo più prodotti alimentari come tramezzini e snack, e bevande come caffè, tè freddi, bibite gassate e acqua, in Giappone la gamma di prodotti che si possono acquistare presso le macchinette automatiche va ben oltre la nostra fantasia sfiorando[8] a volte l'inverosimile. Libri, giornali, ombrelli, biancheria intima, banane, verdure, gelati, fiori, bevande alcoliche e

駐車場、エレベーターのそば、お寺、そしてなんと道端に30メートル弱ごとに配置されている場所も多くあります。世界中のどの国でもこのようなことはほとんど考えられません。現金や数々のおいしいものが入った色鮮やかなボックスを、見張りを付けずに道のど真ん中に置いたらどうなると思いますか？ 数日で商品は略奪され、お金も全部取られるだろうですって？ いえ、それだけで済んだらいいんですけどね！ きっと誰かに盗まれて、自動販売機自体も消えてしまうでしょう！

　日本の自動販売機を見て僕たち外国人が啞然とするもうひとつの理由は、扱っている商品の種類の多さです。イタリアの自動販売機が売っているのが主にサンドイッチやお菓子などの食品と、コーヒー、アイスティー、炭酸飲料、水などの飲み物くらいなのに対して、日本の自動販売機で購入できるものは想像をはるかに越え、信じられないくらいたくさんあります。本、新聞、傘、下着、バナナ、野菜、アイスクリーム、花、お酒、さらには、インスタント

5　incustodito: 見張りのない、管理されていない
6　ben di Dio: おいしいもの、美味、珍味　ben = bene
7　a bocca aperta: 啞然とする、あっけにとられる
8　sfiorando: ～に達する、～に及ぶ ＜ sfiorare

persino *ramen* istantaneo. Cioè, ma ve lo immaginate un *jihanki* italiano che vende pasta istantanea? Fallirebbe nel giro di un paio di giorni perché non lo userebbe nessuno!

Da non dimenticare poi quei distributori che all'interno della stessa macchina vendono sia bevande fredde che calde. Quindi se in estate, schiacciando un semplice pulsante, riceviamo una bottiglia di tè ghiacciato, in inverno ecco la stessa trasformarsi in una caldissima bevanda pronta per l'uso[9] ad un qualsiasi *afternoon tea* che si rispetti[10]. Quanti di noi nelle gelide giornate invernali si sono comprati un tè al latte o una bella lattina di caffè bollenti anche solo per riscaldarsi le mani e il collo. La persona che ha avuto questa trovata geniale dovrebbe essere come minimo candidata al premio Nobel! E *dulcis in fundo*[11], vogliamo parlare dell'efficienza dei distributori automatici *made in Japan?* Inutile dire che sono sempre rifornitissimi, pulitissimi e soprattutto funzionanti. Esattamente come da noi, dove spesso e volentieri su alcuni di essi spicca a caratteri cubitali[12] la scritta "fuori servizio". Per non parlare di[13]

ラーメンまで買えるのです。イタリアでインスタントのパスタを売っている自販機が考えられますかね？　いや、誰も利用しなくて2日のうちにきっと倒産してしまうでしょう！

　さらに忘れてはいけないのは、冷たいものと温かいものが同じマシーンで買える自動販売機です。夏はボタンひとつでキンキンに冷えたアイスティーのペットボトルがゲットでき、冬になると同じ飲み物がどんな格調高いアフタヌーンティーにもふさわしい温か〜い紅茶に姿を変えます。皆さんも冷え込みの厳しい冬の日に、手や首に当てて身体を温めるためだけに熱々のミルクティーや缶コーヒーを買ったことがあるでしょう？　この天才的なシステムを考えた人は少なくともノーベル賞にノミネートされるべきですね！　そして最後に、メイド・イン・ジャパンの自動販売機の性能の良さについて話さずには終われません。言うまでもなく、常に商品が補充され、常にキレイで、何より常にきちんと動いているわけです。一方、イタリアだって負けてはいませんよ！　しばしばデカデカと「故障中」と書かれた貼り紙が目立ち、しばしばお釣り

9　**pronta per l'uso:** いつでも使える
10　**che si rispetti:** 立派な、尊重されるべき
11　**dulcis in fundo:** (ラテン語)甘い菓子は最後に(最後にこそ本当の楽しみが訪れる、楽しみは最後に取っておこう)
12　**a caratteri cubitali:** 大きな文字で書いてある
13　**per non parlare di:** ましてや

quelle volte che non danno il resto e delle altre in cui il prodotto desiderato rimane incastrato al di sopra della bocca di erogazione e non ne vuole proprio sapere di venir fuori nemmeno a spintoni.

Ecco, per tutti questi motivi anche voi converrete[14] con me nell'affermare che le *vending machine* giapponesi sono qualcosa di più che delle semplici macchine automatiche, la cui presenza non dovrebbe esser mai data per scontata e alle quali ogni tanto dovremmo mostrare la nostra riconoscenza. Non si sa mai[15], dato che quelle di ultima generazione sono anche in grado di parlare, magari se le ringraziamo di persona ci rispondono pure!

が出てこなかったり、しばしば買い求めた商品がちょうど機械の取り出し口にひっかかり、どれだけ叩いてもまったく出てこなかったりしますからね。

　さて、これまで述べた理由で、日本の自動販売機は単に自動的に動く機械というだけではないと皆さんも納得してくれるのではないでしょうか。その存在は決して当たり前のものではないので、たまには自動販売機に対して感謝の気持ちを表しても罰は当たらないんじゃないかなと思います。と言うか、最新型の自動販売機はしゃべるようになっているので、直接「いつもありがとう！」と言ってみたら、もしかすると返事をしてくれるかもしれませんね！

---

14 converrete: 〜に同意する、折り合う ＜ convenire
15 Non si sa mai.: 誰にも分からない。何が起こるか分からない。

Leggere l'aria

6

Uno dei valori più importanti alla base della cultura giapponese è il *wa* ovvero "vivere in armonia con le persone", secondo il quale nell'ambito dei rapporti interpersonali si deve mettere da parte[1] ogni antagonismo e implicitamente ci si deve comportare conformandosi il più possibile[2] alla società. Le origini di questo modo di pensare sarebbero da ricondurre all'epoca feudale, periodo in cui durante i lavori nei campi di riso si richiedeva la massima collaborazione fra i singoli individui onde[3] evitare il sorgere di complicazioni ai danni della[4] produzione. Tuttora si può percepire come, sin dai primi anni d'età, le persone siano educate ad aiutarsi a vicenda e ad uniformarsi agli altri affinché[5] non emergano dal gruppo. E quando disgraziatamente ciò accade, come dice un vecchio proverbio giapponese, "il paletto che sporge viene battuto". Questa è probabilmente una delle ragioni principali per cui, soprattutto nella sfera lavorativa, la maggior parte dei giapponesi non riesce a dire ciò che pensa davvero e a manifestare in modo chiaro e diretto le proprie emozioni.

Per noi occidentali, nati e cresciuti in una società

空気を読む

　日本文化のもっとも重要な価値観のひとつに「和」というものがありまして、「人と協調して暮らす」ということです。これに従って人間関係において対立せずに、なるべく社会に順応した行動をとらなければならないという暗黙の了解があるのです。この考え方は、田んぼの作業で生産性が落ちないように、各自が他の人と最大限協力し合わなければならなかった封建時代にさかのぼるとも言われています。今でも人々は、幼い頃から集団の中で目立たず、お互いに助け合って周りに合わせるように教育されているように感じます。あいにく集団の中で目立ってしまうと、日本で古くから言い習わされている 諺 の通りに「出る杭は打たれる」ということになってしまいます。おそらくこれが、特に仕事関係において、多くの日本人が思っていることをはっきりと言えず、直接的に感情を表すことができない理由のひとつでもあると思います。

　子どもの頃から自分の意見を述べるのに慣れており、個人の才

1　**mettere da parte:**（別の場所に）置いておく、取っておく
2　**il più possibile:** できるかぎり、なるべく
3　**onde:** 〜する目的で
4　**ai danni (di):** 〜の不利になって、〜を不利にして < danno 損害、被害
5　**affinché:** 〜するように、〜するために

individualista in cui siamo abituati sin da piccoli ad esprimere la nostra opinione e dove valorizzare le nostre capacità e contraddistinguerci dal gruppo è considerato come avere in mano la chiave per il successo, quello della preservazione dell'armonia a spese della propria individualità è un concetto[6] piuttosto difficile da comprendere. Per tale motivo, soprattutto all'inizio quando ancora non siamo completamente consapevoli di questa enorme differenza culturale, nel relazionarci con la gente del posto può succedere di andare incontro a spiacevoli malintesi.

A dire la verità, anche se è più facile a dirsi che a farsi, un trucco per non avere problemi ci sarebbe: basterebbe imparare a padroneggiare la tecnica del "leggere l'aria". Ma che cosa vuol dire? L'espressione italiana che si avvicina di più a questo modo di dire giapponese è "leggere tra le righe", anche se in realtà con essa si intende[7] "provare ad intuire il significato nascosto all'interno di una frase". Mentre "leggere l'aria" ha un'accezione un po' diversa, più simile a qualcosa come "cercare di capire la situazione in cui ci si trova e adeguarsi ad essa". Il

能を評価し、集団の中で目立つことが成功の鍵を握ると考える
個人主義社会に生まれ育った僕たち西洋人には、調和を保つた
めに自分の個性を犠牲にするという概念はなかなか理解しにくい
ものです。このため特に最初の頃は、このとてつもない文化の違
いをまだちゃんと意識していないので、日本人と接する時に不快
な誤解が生まれることもあります。

　実はそういった問題を無くすコツがひとつあります。それは、
言うは易く行うは難しですが、「空気を読む」という技術をマスター
することです。「空気を読む」とはどういう意味でしょうか? この
言い回しにもっとも近いイタリア語は "leggere tra le righe
(行間を読む)" ですが、こちらが「文章の中の隠れた意味を探る」
ということを指しているのに対し、「空気を読む」には「周りの状
況を理解し、それに合わせる」という少し違うニュアンスが含まれ

---

6 **concetto:** 概念
7 **si intende:** 〜と解釈される、〜を意味する < intendere

classico esempio di una situazione in cui in Giappone è molto importante saper "leggere l'aria" è quella del brindisi, quando tra colleghi o amici ci si ritrova a bere in occasione di una cena di lavoro o di una festa. Il brindisi iniziale è quasi come un rito senza il quale è inimmaginabile dare il via alla serata e che va rigorosamente consacrato solo quando ogni commensale ha il bicchiere pieno davanti. Quando si è in molti, però, se ognuno dovesse scegliere una bevanda diversa, i camerieri impiegherebbero troppo per portare tutte le ordinazioni al tavolo e così per ovviare a inutili perdite di tempo di solito si ordina un drink unico, nello specifico[8] la birra. Si tratta ormai di un'usanza talmente diffusa al punto che è stata addirittura coniata un'espressione apposita[9] molto interessante, *toriaezu bìru*, che in italiano suonerebbe più o meno come "per cominciare, birra". E se uno non gradisce l'alcol in generale oppure è astemio[10]? Naturalmente non si è obbligati, ma molta gente pur di non rovinare l'atmosfera e di andare controcorrente[11] è disposta a[12] prendere anche solo un piccolo sorso o magari a fingere di bere.

ているのです。日本では「空気を読める」ことがとても大事だとされ、その一例に同僚や友達同士での飲み会やパーティーで行われる乾杯があります。最初の乾杯はそれがないと宴が始まらない儀式のようなもので、参加者それぞれの手元に飲み物が揃ってから行われるべきものです。参加者が大人数の場合、みんなが違う飲み物を頼んでしまうと、ウエイターがテーブルにすべてを運ぶのに時間がかかり過ぎてしまうので、無駄を避けるためにたった1種類の飲み物（具体的にはビール）を注文します。「まず初めはビールでいいですよね？」の意味で用いられている「とりあえずビール」というおもしろい言い方もあるくらい、もはや定着した習慣となっているのですね。じゃあ、お酒が好きじゃなかったら、または飲めなかったらどうするかって？ もちろん、無理しなくてもいいんですけど、雰囲気を壊さないで大勢に逆らわないために一口だけ飲んだり、飲むふりをしたりする人も結構います。

---

8 **nello specifico:** 具体的に言うと　specifico 特性、特徴
9 **apposita:** そのための、専用の、ふさわしい < apposito
10 **astemio:** 酒が飲めない人、酒を飲まない人
11 **andare controcorrente:** 大勢に逆らう　contro 〜に反して、
　　〜に逆らって　corrente 流れ、気流
12 **è disposta a:** 〜する気持ちでいる、〜する傾向がある < essere
　　disposto a＋不定詞

Ora, il guaio per noi italiani è che siamo molto esigenti in fatto di bevande alcoliche. Normalmente le abbiniamo a quel che mangiamo, per cui con la carne il vino rosso e con il pesce il vino bianco; ma con la pizza la birra, con gli antipasti il prosecco, per l'aperitivo lo spritz e così via. Inoltre, se c'è una cosa che per natura siamo negati a[13] fare è proprio capire una situazione e adattarci ad essa, tanto più qualora avessimo qualcosa da ridire. Ecco perché, almeno nel mio caso, ogni volta che sono a cena con i miei amici giapponesi altro che[14] "leggere l'aria"! Al massimo quello che riesco a leggere, e pure con tutta calma, è la lista dei vini alla ricerca di quello più adatto al menù e all'umore del momento! Per fortuna sono sempre tutti molto comprensivi e grazie a loro, tra di noi il *wa* regna sovrano[15]!

---

13 siamo negati a: 〜が苦手である、〜の素質がない < essere negato per/a...

14 altro che: 〜どころか、〜どころではない

15 regna sovrano: ずっと続いている < regnare 君臨する、主権を握る sovrano 王のように、王にふさわしく

　イタリア人からすると、まずお酒を食事に合わせる決まりがあり、それぞれのこだわりが強いので、「とりあえずビール」という習慣は大問題です。お肉の場合は赤ワイン、魚の場合は白ワインを飲むけれど、ピッツァだとビール、前菜だとプロセッコ。さらに食前酒にはスプリッツなどを飲みます。問題はそれだけではありません。とりわけ僕たちイタリア人にとって生まれつき苦手なことがあるとすれば、それはまさに周りの状況を理解し、それに合わせることです。ましてや納得がいかなくて言いたいことがある時はなおさらです。そのため、少なくとも僕の場合、日本人の友達と飲みに行っても「空気を読む」どころか、その時のメニューや気分に合ったワインを求めて、のんびりとワインリストを読むことになるのです！　幸いなことに僕の友達はみんな物分かりのよい人たちで、そのおかげで僕たちの間ではうまいことに「和」がずっと保たれていますよ！

Tradurre alla lettera?
Non sempre è possibile!

🔊 7

"Professore, come si dice in italiano *yoroshiku onegai shimasu?*". Tra le tante domande che noi insegnanti d'italiano non vorremmo mai sentirci fare dai nostri studenti giapponesi, questa è indubbiamente quella in cima alla classifica[1]. L'unica risposta immediata possibile infatti è: "Non si dice". Ecco allora che dopo un "ma come?!" generale di disapprovazione, la classe si anima e ha inizio una lunga ed interminabile discussione che ogni volta si interrompe solo al suono della campanella. Ci credo che[2] poi uno rimane indietro col programma! Ciò che gli studenti non riescono proprio ad accettare è il fatto che in italiano non esista un'espressione corrispettiva a quella che è una forma di saluto basilare della lingua e cultura giapponese. Prima di tutto bisognerebbe cercare di capire una cosa di fondamentale importanza, ovvero a quale dei tanti *yoroshiku onegai shimasu* ci si riferisce. Infatti, in base al contesto in cui viene utilizzata, questa frase idiomatica[3] assume dei significati completamente diversi, per cui è estremamente difficile tradurla alla lettera.

直訳だって？
それじゃ通じないこともある！

　「先生、『よろしくお願いします』ってイタリア語で何て言うんですか？」。これは間違いなく、我々イタリア語教師が日本人の生徒さんに最も聞かれたくない質問です。なぜなら唯一返せる答えは「言いません」しかないからです。すると、納得のいかない生徒さんたちから「ええ？！」という声が一斉にあがり、にぎやかな教室では永遠に続きそうな議論が始まり、それはチャイムが鳴るまで止まりません。そのせいで授業の進度が遅れるのも当然のことですよね！ 日本語と日本文化の基本中の基本の挨拶表現にぴったりのイタリア語が存在しないということを、彼らはどうしても受け入れられないのです。まず、考えてもらわなくてはいけない、とても大事なことがひとつあります。それはどの「よろしくお願いします」を指しているか、ということです。と言うのも、シチュエーションによってこの表現の意味は完全に異なってくるので、イタリア語に直訳するのは非常に難しいのです。

1　**in cima alla classifica**: ランキングのトップに
2　**ci credo che**: 〜になるのは当然だ、そうですとも
3　**frase idiomatica**: 慣用句、成句

Una delle situazioni in cui si usa maggiormente è quando si conosce qualcuno, subito dopo essersi presentati. *Yoroshiku* è una forma avverbiale che significa "bene", *onegai* è un sostantivo che sta per "preghiera[4]", mentre *shimasu* è una forma gentile del verbo "fare". Quindi, tradotto letteralmente sarebbe: "fare bene preghiera". Ma un italiano nel sentire queste parole capirebbe male e sicuramente penserebbe di esser stato invitato a "pregare bene". Quello che realmente si vuole comunicare con questa espressione è qualcosa del tipo: "La prego di trattarmi bene[5]". Il problema è che nessuno in Italia, così di punto in bianco[6], chiederebbe una cosa del genere a una persona appena conosciuta, anche perché questa gli farebbe subito notare: "Scusi, ho l'aria di[7] uno che tratta male la gente?". Quindi in questo caso consiglierei senza alcun dubbio: "È un piacere conoscerla" o più semplicemente "Piacere".

Tale traduzione, però, perde totalmente di significato quando *yoroshiku onegai shimasu* è usata per chiedere un favore. Infatti, provate ad immaginare, dopo aver chiesto al vostro capo di accompagnarvi

　よく使われる場面のひとつは、自己紹介した後のやり取りの時ですね。「よろしく」は副詞で "bene"、「お願い」は名詞で "preghiera"、「します」は "fare" の丁寧な言い方。イタリア語に直訳すると "fare bene preghiera"。でもこれを聞いたイタリア人は勘違いし、きっと「ちゃんとお祈りしてね」と頼まれていると受け取ってしまうでしょう。この表現で本当に伝えたいのは「これから仲良くしてくださいね」のような意味ですね。ただ問題は、イタリアでは知り合ったばかりの人にいきなり「仲良くしてね」って言う人なんていないし、そんなことを言ったらすぐさま「あの、私って仲良くしなさそうな顔をしていますか？」と突っ込まれるだろうということです。そんなわけで、この場合は迷わず "È un piacere conoscerla.（お会いできてうれしいです）"、またはシンプルに "Piacere.（はじめまして）" と言うことをお勧めします。

　しかし、お願いごとをする時の「よろしくお願いします」の場合になると、この訳はまったく使えなくなるのです。想像してみてください。上司に車で家まで送ってもらえないかお願いした後に、「お会いで

4　**preghiera:** 願い、祈り
5　**La prego di trattarmi bene.:** 仲良くしてください。優しくしてください。 < trattare bene qualcuno 人を大切に扱う
6　**di punto in bianco:** 突然、いきなり
7　**ho l'aria di:** 〜な雰囲気がある、〜な様子である < avere l'aria di...

a casa in macchina, di concludere con: "È un piacere conoscerla". Quello vi guarda e vi dice: "Tutto bene?". In questa situazione sarebbe chiaramente più logico usare "Mi farebbe il favore di...?[8]", "Sarebbe così gentile da...?[9]" oppure "Potrebbe...?[10]" e quindi diremo "Potrebbe accompagnarmi a casa, per favore?".

Invece, quando ci congediamo da qualcuno, da un amico o da un collega di lavoro che eventualmente non incontreremo per molto tempo, potremmo dire: "Spero di rivederti presto[11]", "Non vedo l'ora di lavorare di nuovo con te[12]" o "È stato bello lavorare con te[13]". Come avrete notato, le possibilità per rendere in italiano *yoroshiku onegai shimasu* sono infinite e variano molto anche a seconda delle scelte soggettive di chi parla. Ecco perché è praticamente impossibile suggerire un'unica soluzione adatta a tutte le situazioni. Di conseguenza, di volta

きて、うれしいです」と付け加えたら、その上司は「大丈夫？」と言いながら見つめてくるでしょう。この時はもちろん、"Mi farebbe il favore di...?"、"Sarebbe così gentile da...?"または "Potrebbe...?" を使い、"Potrebbe accompagnarmi a casa, per favore?（家まで送っていただけますか?）" などと言うといいですね。

　一方、しばらく会わないだろう友達や仕事の同僚とお別れする際の「今後ともよろしくお願いします」は、"Spero di rivederti presto."、"Non vedo l'ora di lavorare di nuovo con te." または "È stato bello lavorare con te." という風に言えばいいでしょう。お気付きだと思いますが、「よろしくお願いします」に当たるイタリア語の訳のチョイスが様々で、話している人によってさらに変わることもあります。そのため、すべてのシチュエー

8　**mi farebbe il favore di...?:** ～をお願いできますか？ < fare il favore di+不定詞

9　**sarebbe così gentile da...?:** ～していただけませんか？ < essere così gentile da+不定詞

10　**potrebbe...?:** ～していただけますか？ < potere+不定詞

11　**Spero di rivederti presto.:** また会えるといいね。 < sperare di+不定詞

12　**Non vedo l'ora di lavorare di nuovo con te.:** また一緒に仕事ができるといいね。 < non vedere l'ora di+不定詞

13　**È stato bello lavorare con te.:** 一緒に仕事ができて良かった。 < essere bello+不定詞

in volta è molto importante cercare di capire quale sia il contesto in cui ci troviamo e in base ad esso scegliere l'espressione più adatta, senza fossilizzarsi[14] troppo sul significato originale nella propria lingua madre e soprattutto evitando di tradurre alla lettera. D'altra parte, questo dovrebbe essere l'approccio da assumere non solo per l'italiano, ma ogni qual volta che ci si ritrova ad interagire[15] in una qualsiasi lingua straniera.

A dire il vero, ci sarebbero ancora tantissime traduzioni per questa particolare forma di saluto che avrei voluto illustrare, ma non mi rimane molto spazio a disposizione e avrei bisogno come minimo di altre venti pagine. Chi lo sa, magari in un futuro non molto lontano avremo occasione di trattare nuovamente l'argomento in altra sede e in modo più ampio. Quindi per il momento concludo qui e vi lascio con un bel... *yoroshiku onegai shimasu!*

ションに対応するたったひとつの訳を考えることは無理なわけですね。母語の元々の意味にあまりこだわり過ぎず、そして絶対に直訳せず、その時々のシチュエーションをちゃんと理解し、より適している表現はどれなのかを見分けることがとても大事です。まあ、イタリア語に限らず、どんな外国語を話す場合でも、このアプローチを取るべきですけどね。

　実は、この独特な挨拶表現にはご紹介したい訳がほかにもたくさんあるのですが、スペースに限りもありますし、書き出したら少なくともあと20ページは必要になってしまいます。近いうちにまた別の場で、より詳しくこの話題を取り上げられる機会があるといいですね。とりあえずここまでにして、その時もまた……、よろしくお願いします！

---

14 fossilizzarsi: 時代遅れになる、進歩が止まる →こだわり過ぎる
　< fossilizzare 化石化する
15 interagire: 人と触れ合う、交流する、対話する

Paese che vai, usanze che trovi

🔊 8

Primi di agosto del 1999. Mi trovavo in un bar di Tokyo insieme ad una mia amica dell'università. Ricordo benissimo come se fosse ieri quel giorno perché era proprio quello in cui venni per la prima volta in Giappone, quando ero ancora uno studente. Mentre fantasticavo ad occhi aperti[1] pensando a tutte le sorprese che mi aspettavano in quei tre successivi mesi di vacanza-studio, tutt'a un tratto[2] un ragazzo giapponese – doveva avere più o meno vent'anni – si tolse le scarpe e appoggiò i piedi sulla sedia. Nello stesso istante cominciai a prendere a gomitate[3] la mia compagna di avventure, ancor più stupita di me. Eravamo appena arrivati e le sorprese erano già iniziate. Chiaramente all'epoca ero perfettamente consapevole dell'usanza giapponese di togliere le scarpe, ma credevo si trattasse di una pratica circoscritta[4] alla sfera del privato e non avrei mai pensato di vederlo fare in un luogo pubblico, tanto meno[5] in un bar. "Ma perché stupirsi a tal punto?" si starà domandando il lettore giapponese. "Qui in Giappone succede spesso. A scuola, in azienda, in palestra, in alcune *izakaya*... Nei bar forse un po' più

所変われば品変わる

　　1999年8月上旬。僕は大学の女友達と一緒に東京のとある
カフェにいました。あの日の出来事はまるで昨日のことのように覚
えています。当時僕はまだ学生で、初めて日本に来た時でした。
これから始まる3か月の留学中にどんなサプライズが待ち受けて
いるんだろうと僕が夢見ていると、突然20歳代と覚しき日本人
の若い男性が靴を脱ぎ椅子の上に足を乗せました。その瞬間す
ぐに、僕は僕以上に啞然としている留学生仲間を肘でつつきまし
た。日本に着いてまもなく、既にサプライズが始まっていたのです。
もちろん、日本人に靴を脱ぐ習慣があるということは当時もよく
知っていましたが、家庭の中でのことだと思い込んでいたし、人
前でそれを目にするとは思ってもいませんでした。ましてや、カフェ
の中でなんて。「どうしてそんなに驚くの?」と日本人の読者は思っ
ているでしょう。「ここ日本ではよくありますよ。学校や会社、ジ
ムとか居酒屋さんなどでも靴を脱ぐことはありますよ。まあ、カフェ

1　**fantasticavo ad occhi aperti:** 目を開けたままで空想していた
　< fantasticare ad occhi aperti
2　**tutt'a un tratto:** いきなり、突然、やにわに
3　**cominciai a prendere a gomitate:** 肘でつつき出した
　< cominciare a... 〜し始める　gomitate 肘で突くこと、肘で押すこと
　< gomitata
4　**circoscritta:** 制限された、限定された < circoscrivere
5　**tanto meno:** まして〜ない

raramente, ma non è così strano".

Il fatto è che in Italia togliersi le scarpe in pubblico non solo è poco elegante, ma è considerato come un gesto non molto decoroso e di cattiva educazione e, a meno che non[6] ci si trovi in spiaggia o in un negozio di scarpe, difficilmente vedrete un italiano a piedi nudi fuori dalle mura domestiche. Persino all'interno delle nostre abitazioni, non tutti ce le togliamo e quando lo facciamo non è detto che[7] ciò avvenga, come in Giappone, subito prima di entrare in casa. Anche perché senza il *genkan*, ovvero la tradizionale entrata delle case giapponesi dove si lascia ogni genere di calzature, sarebbe un po' complicato. Anzi, guai a dimenticare[8] le nostre scarpe maleodoranti in bella vista all'ingresso! Se lo facessimo rischieremmo di mandare su tutte le furie[9] le nostre mogli o madri, specialmente qualora[10] dovessimo aspettare degli ospiti! "Allora rimanete tutto il tempo in casa con le scarpe?" direte voi. Dipende dalle persone, ma di solito sì. Al massimo[11], ci mettiamo in comode pantofole solo quando, una volta rincasati, sappiamo di non dover uscire nuovamente. Più che altro

ではあんまりないけど、そんなにおかしいことではない」と。

　実を言うと、イタリアでは公共の場で靴を脱ぐというのは少し品のない行為というだけでなく、だらしなくて行儀が悪いとみなされ、ビーチか靴屋さんを除いては、家庭外で靴を脱いでいるイタリア人を見かけることはそうありません。自分の家の中でさえ、みんなが靴を脱ぐわけではありません。脱ぐ人もいますが、日本のように家に上がる前とは限らないのです。まあ、それには履物を置いておく、日本の伝統的な玄関のようなものが存在しないため、靴を脱ぎたくても少し難しいという理由もありますが。人の目につく家の入口に臭う靴を置きっぱなしにしては絶対にダメ！　それをやってしまうと、奥さんやお母さんをカッとさせる危険を冒すことになります。とりわけお客さんを出迎えなくてはならない時には！「じゃあ、家の中でもずっと靴を履いたまま？」と言いたくなるでしょう。人それぞれですが、基本的には土足です。快適なスリッパに履き替えるのは一旦帰宅してもう外出する必要がない

---

6 **a meno che non:** 〜を除いて、〜でなければ
7 **non è detto che:** 〜とも言えない、〜とは限らない
8 **guai a dimenticare:** 〜を忘れたら承知しない、ただではおかない
9 **mandare su tutte le furie (qualcuno):** (人を)カッとさせる、激怒させる
10 **qualora:** 〜の時には、〜の場合は
11 **al massimo:** 多くとも、せいぜい

per una questione di praticità. Discorso valido soprattutto per[12] noi uomini che con le scarpe siamo proprio impediti: solamente per infilarle e poi allacciarle, non si capisce perché, siamo così lenti che dopo averle messe non vogliamo più saperne di[13] toglierle!

Come mai invece in Giappone ci si leva rigorosamente le scarpe prima di entrare in casa o in alcuni ambienti pubblici? La motivazione principale di quest' abitudine che pare risalire all'età preistorica, è riconducibile probabilmente allo stile di vita e al tipo di pavimentazione delle abitazioni stesse. Le case tradizionali nipponiche, ma anche alcune stanze di quelle moderne, sono pavimentate con i *tatami*, stuoie di paglia di giunco intrecciata. Essendo queste ultime composte di un materiale facilmente deteriorabile, a contatto con scarpe o qualsiasi altro tipo di calzature si rovinerebbero. Inoltre, tenendo presente che quasi tutti i giapponesi trascorrono la maggior parte del proprio tempo in casa stando seduti per terra o rilassandosi direttamente sul *tatami*, per ovvie ragioni igieniche si ha l'esigenza di mante-

ことがはっきりした時くらいかな。これは他の理由というより、ど
ちらかと言うと便利さの問題ですね。特に靴を履くことが下手な
男の人の場合はそう言えます。往々にして我々男性は靴を履き、
紐を結ぶだけのことになぜだかすごく時間がかかってしまうので、
一回履いたら、もう面倒で脱ぎたくないんです！

　それに反して、どうして日本では公共の場や家に上がる前に必
ず靴を脱ぐんでしょうか？ 先史時代にさかのぼると言われている
この習慣の主な理由は、おそらく日本人のライフスタイルと住居の
床自体にあるのではないかと思われます。洋風の家でも一部そ
うですが、和風の家は畳が敷き詰められています。畳というのは
イグサを編んで作られるマット。傷みやすい素材で作られている
ので、靴や他の履物との接触によってすぐに損なわれてしまいま
す。その上、ほとんどの日本人が自宅にいる時、直接、床や畳の
上に座ったり、そこでくつろいだりして時間を過ごすことを考える
と、衛生面の問題でなるべく床をキレイに保つ必要があるわけで

---

12 discorso valido per: この話は〜に当てはまる
13 non vogliamo più saperne di: どうしても〜したくない < non
　volere saperne di+ 不定詞

nere il pavimento il più pulito possibile.

Tutto sommato[14], seppur in un primo momento si possa avere qualche perplessità, credo sia una consuetudine alla quale ci si abitua subito e abbastanza facilmente. Il problema si presenta quelle volte quando, appena uscito di casa, mi accorgo di aver dimenticato qualcosa e ahimè mi tocca rientrare. In tal caso, pur di non togliermi le scarpe[15], preferisco camminare a carponi finendo col perdere ancora più tempo. E quando ho davvero fretta, in qualche rarissima occasione, lo confesso, rientro direttamente con le scarpe! Lo so che non si dovrebbe mai fare, ma a voi, cari amici lettori, non capita mai?!

すね。

　何はともあれ、最初は少し戸惑うかもしれませんが、靴を脱ぐというのは割とすぐに慣れる習慣なんじゃないかと僕は思います。むしろ問題なのは、玄関を出た瞬間に「あっ！ 忘れ物した」と気付き、また家に入らなければならない時ですね。そういう場合、靴を脱がずに済ますために這って家に上がり、結局、余計に時間がかかってしまう。それから、本当に急いでいる時に限ってですし、もちろんめったにないことですが、靴を履いたまま上がったことがあるとこの場を借りて告白させていただきます！ 絶対にやってはいけないことだと分かっています。でも皆さんも1度や2度はやったことありませんか?!

---

14 tutto sommato: 要するに、結局は
15 pur di non togliermi le scarpe: 靴を脱がないためなら　pur
di+不定詞 〜するためなら

La scuola italiana vs la scuola giapponese

🔊 9

"Allora ragazzi, oggi interrogo". Quando la professoressa di storia del liceo all'inizio della lezione pronunciava queste parole, la classe, fino a qualche istante prima animata e chiassosa, piombava improvvisamente in[1] un silenzio di tomba[2]. Mentre con la sua penna stilografica e gli occhiali appoggiati sulla punta del naso scorreva il registro alla ricerca delle persone da "torchiare[3]", tutti trattenevano il fiato. Per nascondere l'agitazione c'era chi guardava fuori dalla finestra; chi frugava nello zaino; chi addirittura fischiettava a bassa voce fingendo tranquillità assoluta, mentre in cuor suo pensava: "Ti prego, ti prego! Non chiamare me!". Ed era quanto ognuno di noi sperava, soprattutto se il giorno prima, anziché studiare, aveva perso tutto il pomeriggio davanti ai videogiochi, e non sarebbero bastate tutte le scuse del mondo per evitare una brutta insufficienza[4]. Intanto, in quei due lunghissimi ed interminabili minuti, quella maledetta penna faceva su e giù sull'elenco dei nomi allineati in ordine alfabetico, fin quando i due prescelti non venivano invitati a salire

イタリアの学校 対 日本の学校

　「さて、みんな、今日は口頭試問よ」。高校の歴史の先生が授業の初めにこの言葉を口にしたとたん、数秒前までにぎやかでうるさかった教室が急に墓場のように静まり返った。鼻先にメガネをかけた先生が万年筆で名簿を指しながら「苦しめる」人を探している間、みんなは息を潜めていた。不安を隠したくて窓の外を見る人もいれば、ゴソゴソとカバンの中を探る人もいる。完全に落ち着いているふりで軽く口笛を吹く人さえいたけれど、彼も本当は心の中で「お願い、お願い！　僕の名前を呼ばないで！」と思っていた。いや、みんながそう切望していた。特に前日の午後に勉強せず、ずっとダラダラしてテレビゲームで遊びっぱなしだった時には。そんな日に呼ばれたら、どんな言い訳をしても悪い成績は避けられなかっただろう。永遠にも思える長い2分間、いまいましいその万年筆はアルファベット順の名簿の上を行ったり来

1　piombava in: ～に陥っていた < piombare 急に落ちる、真っ逆さまに落ちる
2　silenzio di tomba: 墓地のような静寂
3　torchiare: （難問、難題で）苦しめる、（長時間にわたり厳しく）尋問する
4　insufficienza: （成績での）不可、悪い成績

sul patibolo[5]: "Oggi interrogo De Luca e... Micelotta". A questo punto il silenzio si rompeva con i gridolini soffocati di sconforto delle povere vittime, accompagnati dai profondi sospiri di sollievo di quelli che miracolosamente non avevano sentito chiamare il proprio nome.

Ma cosa avevano di così spaventoso le interrogazioni? La parola stessa, che deriva dal verbo "interrogare", dovrebbe più o meno rendere l'idea: i professori delle diverse materie chiamavano ogni volta due o tre studenti alla cattedra e gli facevano una lunga serie di domande per verificare quanto avessero appreso del programma studiato fino a quel momento. Questo metodo di valutazione veniva utilizzato sin dalla terza o quarta elementare, dove la maestra chiedeva cose piuttosto semplici, come ad esempio di coniugare i verbi o fare alcuni conti di matematica alla lavagna. Man mano che[6] si saliva di livello e si avanzava alla scuola media e poi a quella superiore, il grado di difficoltà delle domande aumentava sempre di più, così come la mole[7] di materie da studiare: storia, geografia, latino, let-

たりしていたが、ついに2人が選ばれ、絞首台に進むよう促された。
「今日の口頭試問は、デ・ルーカくんと……ミチェロッタくん」。す
ると、絶望したかわいそうな「被害者」の押し殺した叫び声と共
に、奇跡的に自分の名前が呼ばれなかった人たちがほっともらし
た吐息が沈黙を破ったのだった。

　口頭試問ってそんな恐ろしいもの? それは、"interrogare
(口頭試問をする)" という動詞には「尋問する」という意味もある
ということで、なんとなくイメージできるのではないでしょうか。
各教科の先生たちは毎回教壇に2、3人の生徒を呼び、それまで
勉強してきた内容をちゃんと理解したかどうか確認するためにい
ろんな質問をしました。小学校の3、4年生になると、すでに口
頭試問が始まり、先生は生徒に動詞の活用を言わせたり、黒板
で算数の問題を解かせたりして成績をつけていました。中学、高
校と進級し、レベルが上がっていくにつれ、質問の難度も上がり、
勉強しなければならない教科も増えていきました。歴史、地理、

---

5 **salire sul patibolo**: 絞首台に上る、処刑台に進む
6 **man mano che**: ～するにつれて、すればするほど
7 **mole**: 巨大さ、膨大さ

teratura italiana, fisica, biologia, matematica sono solo alcune delle discipline[8] nelle quali i rispettivi professori interrogavano quasi ogni giorno. Inoltre, durante le interrogazioni, che molto spesso avvenivano a sorpresa e che potevano durare dai trenta minuti a un'ora, gli insegnanti ponevano le domande più disparate[9] per controllare se avessimo studiato davvero tutto e che non avessimo semplicemente imparato la "storiella[10]" a memoria. Infatti, ricordare alla lettera[11] quello che c'era scritto sui libri non bastava. Bisognava saperlo esporre in modo chiaro e con le proprie parole, fare delle considerazioni personali e dimostrare di aver compreso bene l'argomento. Vi lascio immaginare dunque l'angoscia e lo stress che procuravano in noi studenti queste interrogazioni per le quali eravamo costretti a passare intere giornate sui libri: dai loro risultati, uniti a quelli degli altrettanto famigerati[12] compiti in classe, dipendeva la promozione[13] alla fine dell'anno scolastico e quindi il nostro futuro.

Ecco perché quando ho scoperto da un mio amico giapponese che in Giappone non esiste questo siste-

ラテン語、イタリア文学、物理学、生物学、数学などは先生たち
がほぼ毎日口頭試問を行っていた科目のほんの一部に過ぎませ
ん。また、いつ始まるか分からない上、30分から1時間も続く
ことがあるのです。口頭試問中に先生たちは、ありとあらゆる質問
をしました。ただ暗記したのではなく、ちゃんと全部勉強してき
たかどうかをチェックするためです。教科書に書かれた通りにひ
たすら覚えるだけでは十分ではないのです。それをはっきり自分
の言葉で表現し、自分の意見を述べ、つまり内容をよく理解した
ことを証明することが求められました。口頭試問が僕たち学生に
どれだけ不安やストレスを与えていたかは想像にお任せします。
そのせいで一日中教科書に向かって勉強ばかりしなくてはなりま
せんでした。だって口頭試問の結果と、同じくらい悪名高い筆記
試験の結果によって学年末の進級が決まり、それによって自分た
ちの将来が左右されたのですから。

　そのため日本人の友達から、日本にはこのシステムがなく、生

8　**discipline:** 教科目、学科 < disciplina
9　**disparate:** 様々な、まったく異なった < disparato
10 **storiella:** 暗記した、まとまりのない話（文章）< storia 物語
11 **ricordare alla lettera:** 文字通りに（正確に）覚える
12 **famigerati:** 悪名高い < famigerato
13 **promozione:** 進級、昇格

ma e che gli studenti vengono valutati per lo più sulla base di test scritti, beh, non sono proprio riuscito a nascondere la meraviglia e soprattutto l'invidia che ho provato. In quell'istante la scuola giapponese mi era sembrata un po' come il Paese dei balocchi ne "Le avventure di Pinocchio" e come il burattino chiedeva ripetutamente al suo amico Lucignolo "È proprio vero che in quel paese i ragazzi non hanno mai l'obbligo di[14] studiare?", io domandavo incredulo[15] al mio: "È proprio vero che in questo paese i ragazzi non vengono mai interrogati?". Sicuramente, tra le ore dedicate alle attività extrascolastiche e i pomeriggi passati nei doposcuola a studiare per gli esami d'ammissione all'università, anche qui la vita da studenti deve essere tutt'altro che semplice. Ma ai tempi del liceo, pur di evitare le tanto temute interrogazioni, forse avrei fatto di tutto per frequentare una scuola come quella giapponese!

---

14 non hanno mai l'obbligo di: 決して～する義務がない、まったく～する必要がない < non avere l'obbligo di...
15 incredulo: 深い疑いを持っている、容易に信じない

徒たちはほぼ筆記試験で評価されると聞いた時は驚き、そして何より嫉妬を隠すことができませんでした。その瞬間、日本の学校が「ピノッキオの冒険」に出てくるおもちゃの国に見えてきたものです。「その国では子どもたちが勉強しなくてもいいって本当なの?」とピノッキオが友達のルチーニョロに何回も尋ねたように、僕も信じられなくて、「この国では子どもたちが口頭試問を受けなくてもいいって本当なの?」と友達に聞きました。確かに、放課後のクラブ活動に割り当てられる時間や、午後は大学の入学試験のために塾で勉強をしなくてはならないことを考えると、ここ日本でも学生にとっては決して楽な人生ではありません。それでも、高校生の頃、あの恐ろしい口頭試問を避けられると知ったなら、日本のような学校に通うために、どんなことでもしたでしょうね!

Piccoli adulti

🔊 10

Cartella ben salda[1] sulle spalle. Femminucce nelle loro divise alla marinaretta: gonna con bretelle, camicetta e fiocchettino, come nei cartoni animati che vedevamo da piccoli. Maschietti in calzoncini cortissimi con berretto e cravattino che in inverno solo a vederli ti vengono i brividi di freddo[2]. In Giappone durante le ore di punta[3], alla mattina, non è affatto raro vedere gruppetti di ragazzini tra i sei e i dieci anni andare a scuola da soli, senza essere accompagnati da un adulto. Perfettamente allineati, piccoli ometti e piccole donne camminano sui cigli delle strade, spesso prive di marciapiede. Le attraversano sulle strisce con un braccio teso verso l'alto come a dire: "Per favore lasciateci passare!".

A Tokyo salgono sui treni stracolmi di pendolari della JR o della metropolitana. Sempre in piccoli gruppetti di quattro o cinque, ma vanno in giro anche da soli, con i loro cellulari per bambini legati intorno al collo. Passano per i tornelli[4] della stazione, più alti di loro, ed escono. E districarsi nelle complicate stazioni di Tokyo è un'impresa tutt'altro che facile, persino per un adulto. Ma loro, senza la

小さな大人

　背中にしっかりとランドセル。女の子はセーラー服で、サスペンダー付きのスカートにブラウスとリボン。子どもの頃に見たアニメで我々イタリア人にもおなじみだ。男の子は、冬は見るだけで寒さに震え上がるくらい超短い半ズボンに帽子とネクタイ。日本では、朝のラッシュアワーに6歳から10歳くらいまでの子どもの集団が、大人の引率なしで通学しているのはまったく珍しくありません。きちんと並び、まるで小さな大人の男女のように、時には歩道すらない道の端を彼らは歩きます。「通してください！」と言わんばかりに手をまっすぐに挙げて、横断歩道を渡ります。

　東京では、通勤客でぎっしりのJRや地下鉄の電車に乗り込む子どもの姿もよく見られます。4、5人の少人数のグループのほか、首からキッズ携帯をぶら下げて1人で行動する子どもたちもいます。自分たちの身長よりも高い、駅の改札を通り抜けて外へ。複雑な構造の東京の駅を把握するのは大人でさえ一苦労なのに、

1　**ben salda**: 堅固に、しっかりと　ben = bene とても、十分に
2　**ti vengono i brividi di freddo**: 寒くなる、ぞっとする < venire 来る　brividi di freddo 寒さによる震え
3　**ore di punta**: ラッシュアワー
4　**tornelli**: 改札口、回転ドア < tornello　「戻る、回転する」という意味のtornareから派生

minima esitazione, in un batter d'occhio[5] son fuori e via, dritti a scuola!

Ora, a una mamma o a un papà italiano che dovessero assistere a una scena del genere come minimo verrebbe un attacco d'ansia seguito da un infarto. Poi, se sopravvissuti allo shock, chiederebbero immediatamente: "Ma come fanno i genitori giapponesi ad avere la certezza che i loro figli non si perdano e che giungano a destinazione a soli sei anni?". Una madre giapponese probabilmente risponderebbe alla domanda così: "Beh, io ho cercato di responsabilizzare mio figlio sin da piccolo. Gli ho fatto fare il tragitto casa-scuola insieme a me tante volte e quando ho realizzato che era in grado di farlo anche senza di me, l'ho lasciato andare da solo. Poi, se dovesse avere problemi gli basterebbe usare il *kids phone*". Per *kids phone* si intende un semplice cellulare che, grazie al GPS, consente di intercettare la posizione del bambino in caso di emergenza. "Vabbè, il GPS ce l'abbiamo pure noi. Non è questo il punto[6]" continuerebbero preoccupati i genitori italiani. "Come fanno le mamme e i papà giappone-

彼らは少しも迷わず一瞬にして外に出て、学校へと一直線！

　もし、イタリアのお母さん、お父さんがこういった光景を目にしたら、まず大いに慌て、そのあと心配で心臓が止まってしまうかもしれません。そしてなんとかショックから立ち直ったら、すぐに次のように聞くでしょう。「一体、日本の親御さんたちは、たった6歳の子どもたちが迷わず目的地にたどり着けると、どうして確信できるんですか？」。日本のお母さんはこう答えるかもしれません。「そうですね、私は子どもに小さい頃からなるべく責任感を持たせるようにしているんです。家から学校までのルートを何度も一緒に歩き、自分だけで行けるだろうと確信したので、1人で行かせることにしました。それに、問題があったら、キッズ携帯を使えばいいでしょう？」。「キッズ携帯」とは、GPS機能付きで緊急時に子どもの居場所を知ることができるごくシンプルな携帯。「なんだ、GPSか。それなら僕たちだって持っていますよ！　問題はそこじゃない！」、イタリア人の心配は尽きません。「日本のお母さん、お父さん方は、どうしたらこんなに無責任に我が子を1人で

5　**in un batter d'occhio:** またたく間に、一瞬にして
6　**non è questo il punto:** 問題点はこれじゃない　　punto 問題点、論点

si ad essere così incoscienti e lasciare andare in giro da soli per la città i propri figli? Non hanno paura che[7] gli possa succedere qualcosa? Con tutto quel traffico e i malintenzionati[8] a piede libero[9]". Allora i genitori giapponesi replicherebbero: "Beh, Tokyo è la città più sicura al mondo e con il minor tasso di criminalità. Quindi di che allarmarsi? E poi c'è sempre il *kids phone*". Si potrebbe andare avanti così all'infinito, ma non se ne verrebbe a capo[10]. Certo, l'aver paura di lasciare girovagare i bambini in questo mondo pieno di insidie è del tutto comprensibile. Anche io, che non ho figli, sono rimasto un po' scioccato quando ho visto la prima volta dei bambini giapponesi da soli sui treni. Tuttavia più che di timore per la sicurezza, credo si tratti piuttosto di una questione di mentalità e di carattere. E poi, si sa, le mamme italiane sono in assoluto le più apprensive del mondo!

Ciò sembra essere confermato anche da uno studio condotto dall'Istituto di Scienze e Tecnologie della Cognizione del Cnr, dal quale è emerso[11] che l'autonomia di spostamento dei bambini italiani nell'an-

街を出歩かせたりできるの？ 何かあったらと怖くないの？ 交通量
も多いし、変な人もうろついているでしょう？」。これに対して日本
人の親たちはこう反論するかもしれません。「でも、東京は世界
一犯罪率が低い街ですし、心配する必要はないでしょう？ それ
に、ともかく『キッズ携帯』があるし……」。この議論は永遠に平
行線のようですね。まあ、何かと物騒なこのご時世、安心して子
どもたちを出歩かせられないのはよく分かりますね。子どもがい
ない僕でも、自分たちだけで電車に乗っている日本人の子どもた
ちを初めて見た時は少しショックを受けました。もっとも、これは
治安というよりも、メンタリティーと国民性の問題ではないかと思
います。だって、ほら、イタリアのマンマたちは究極の世界一の
心配症ですからね！

　このことはイタリア学術会議の「認知科学・技術研究所」によっ
て行われた調査でも証明されているようです。その調査によると

7　**non hanno paura che...?:** ～するのではないかと心配しないのか？
　　< avere paura che+接続法　paura 恐れ
8　**malintenzionati:** 悪意のある人　male 品行などが悪く、意地悪く
　　< intenzionato ～する意図がある
9　**a piede libero:** (裁判中で)まだ投獄されてない
10　**non se ne verrebbe a capo:** 解決することはないだろう < venire
　　a capo di... 完成する、解明する、～の結論に達する
11　**è emerso:** 浮かび上がった < emergere 浮かび上がる、出現する、現
　　れる

dare a scuola era del solo 7% nel 2010, contro quella dei bambini inglesi al 41% e quella dei tedeschi al 40%. Quello di non avere il coraggio di mandare i propri figli a scuola da soli, dunque, pare proprio un fenomeno tutto italiano.

Non era così, però, nel mio caso. Infatti io a scuola ci andavo da solo già dalla terza elementare. Come dite? Quanto distava da casa mia? Nemmeno una decina di metri! Mi bastava attraversare una stradina[12] ed ero in classe. Che poi mamma mi controllasse dal balcone e che mi aspettasse sempre all'uscita sono due particolari del tutto irrilevanti[13] e ininfluenti[14] sulla mia autonomia da bambino! Almeno credo...

2010年には自分たちだけで登校するイタリアの子どもたちの割合がたったの7%なのに対して、イギリスでは41%、ドイツでは40%。つまり、子どもたちを1人で学校に行かせる勇気がないというのはイタリア特有の現象のようです。

　ただし、僕の場合は違いましたけどね。実際、僕は小学3年生の頃から1人で登校していましたよ。何ですって？　家から学校までどのくらいの距離だったかって？　それは……10メートルもなかったかな！　小さな道を挟んですぐ向かいが学校だったんです。まあ、母がバルコニーから見送ってくれていたし、学校が終わったら必ず迎えに来てくれてはいましたが。でもそんなことは僕の独立心にまったく関係ないし、影響ありませんでしたよ！　たぶんね……。

---

12 mi bastava attraversare una stradina: 小道を横切るだけで十分だった < bastare 十分である、足りる　attraversare 横切る、渡る　stradina 小道 < strada
13 irrilevanti: 重要でない < irrilevante
14 ininfluenti: 影響力を持たない < ininfluente

Il mondo degli *anime*

🔊 11

Quando ero alle elementari, ogni tanto capitava che mia madre si arrabbiasse magari per un brutto voto preso a scuola, una bugia di troppo o per qualche piccolo dispetto alla mia sorellina. Di solito si sistemava tutto con una ramanzina[1], le mie scuse e i "non lo faccio più". Ma quando ne combinavo una grossa[2] e la mandavo in collera[3] sul serio, non c'era verso di calmarla e dopo una lunga sfuriata[4], nemmeno le preghiere in ginocchio potevano evitare il suo verdetto finale: "E da oggi niente televisione per una settimana". Tra le varie punizioni che infliggeva, questa era la peggiore in assoluto. Non poter guardare la TV significava infatti perdere l'appuntamento quotidiano tanto atteso con "Bim bum bam". In onda tutti i giorni, dal lunedì al sabato, in questo programma per ragazzi venivano trasmessi quattro cartoni animati giapponesi al giorno. "Il grande Mazinger", "Lady Oscar", "Ken il guerriero", "Forza Sugar", "Lupin III", "Occhi di gatto", "L'incantevole Creamy", "Cara dolce Kyoko", "Lamù", "L'uomo tigre" ed un'altra lunga serie di *anime* giapponesi – che non sto qui ad elencare, altrimenti finirei il

アニメの世界

　小学校に通っていた頃、学校の成績が悪かったとか、嘘をついたとか、妹にちょっといたずらをしたとかで母が怒ることが時々ありました。普段は、お説教を受け「二度とやらない」と謝ったら機嫌が直ったのですが、とんでもないことをやらかして本気で怒らせた時は、彼女の怒りを鎮める術はなく、長々とどなられたあげく、たとえ跪（ひざまず）いてお願いしようとも、彼女の最終的な判決から逃れることはできませんでした。その判決とは「今日から1週間テレビ禁止だからね」というもの。それは課せられていた罰の中では最も厳しいものでした。なぜなら、テレビを見られないということは、毎日心待ちにしている『ビム・ブム・バム』を見逃してしまうことを意味するからです。『ビム・ブム・バム』は月曜日から土曜日まで毎日放送されていた子ども向けの番組で、その中で日本のアニメが1日に4作品流れていたのです。『グレートマジンガー』、『ベルサイユのばら』、『北斗の拳』、『がんばれ元気』、『ルパン三世』、『キャッツ・アイ』、『魔法の天使クリィミーマミ』、『めぞん一刻』、『うる星やつら』、『タイガーマスク』のような日本のア

1　**ramanzina:** 小言、叱責
2　**ne combinavo una grossa:** とんでもないことをした
　　< combinarne una 何かをしでかす
3　**la mandavo in collera:** 彼女を怒らせた < mandare in collera
　　激怒させる　collera 怒り
4　**sfuriata:** 激怒、どなること

mio spazio a disposizione – ci facevano fantasticare ogni pomeriggio tra le sedici e le diciotto, tenendoci incollati davanti al piccolo schermo[5] per ben due ore.

Come facevamo a capire quello che dicevano i personaggi? Naturalmente ogni cartone veniva doppiato[6] e i loro protagonisti parlavano in lingua italiana. Lo so, deve fare un effetto particolare[7] immaginare di sentire, ad esempio, Kim e Tom parlare in italiano. Del resto, a me lo ha fatto quando li ho sentiti parlare in giapponese. Ah già, chi sono Kim e Tom? Stavo tralasciando un dettaglio interessante e cioè che, soprattutto negli anni novanta, a cambiare non erano solo i titoli dei cartoni animati giapponesi, ma anche i nomi dei personaggi. Per cui se Tsubasa di "Captain Tsubasa" diventava Holly Hutton, i gemelli Uesugi Kazuya e Tatsuya di "Touch" diventavano Kim e Tom. Probabilmente deve essere stata una scelta degli editori del tempo nel tentativo di rendere gli eroi degli *anime* più vicini a noi, o forse più semplicemente perché i nomi Kazuya e Tatsuya, che finiscono in "a", in Italia sarebbero risuonati come nomi da donna. In ogni caso, anche se avessero la-

ニメが毎日、午後4時から6時の間、僕たちを魅了して、2時間もテレビにしがみつかせていたのです。この枠で放送された作品はもっとありましたが、全部を挙げたらスペースが足りなくなってしまうので、ここでやめておきます。

　登場人物が話していた内容はどうやって分かったかですって？当然すべてのアニメは吹き替えられていたので、主人公たちはイタリア語で話していたのです。分かっています。イタリア語でしゃべるキムとトムを想像すると、変な感じがしますよね。だって、僕も初めて彼らが日本語で話しているのを聞いた時は違和感がありましたもの。あ！　キムとトムって誰でしょう？　おもしろいことを言い忘れるところでした。特に90年代は日本のアニメはタイトルも変われば、その登場人物が別の名前で呼ばれることもありました。そんなわけで、『キャプテン翼』の翼はホーリー・アットン、『タッチ』の双子の上杉和也と達也はキムとトムと呼ばれていたんです。おそらく当時の監修者のチョイスでしょうが、アニメのヒーローを僕たちにより身近に感じさせるためか、もしくはただ単に「和也」と「達也」という名前は"a"で終わるので、イタリアでは女の人の名前に聞こえてしまうから変えたのかもしれません。ま

5　**piccolo schermo:** テレビ　piccolo 小さい　schermo 画面
6　**veniva doppiato:** 吹き替えられた < doppiare 吹き替えをする
7　**deve fare un effetto particolare:** 独特な印象を与えるはずだ
　　effetto 印象　particolare 独特な、奇妙な

sciato i nomi originali, non credo che ciò avrebbe influito più di tanto e alla morte di Kim/Kazuya in quell'incidente stradale per salvare la vita di un bambino, avremmo pianto tutti comunque!

Ma perché gli *anime* giapponesi hanno avuto tutto questo successo in Italia? Rispondere a questa domanda in poche righe non è facile. Certo è che quando essi entravano nelle nostre case, ci catapultavano[8] in un mondo affascinante pieno di luoghi, oggetti, cibi e scritte a noi sconosciuti: strane "piscine" pubbliche divise per uomini e donne, dove la gente si lavava tutta insieme. Curiosi bastoncini usati per mangiare al posto della forchetta. Persone vestite con delle bellissime "vestaglie" colorate legate da una larga cintura. Misteriose polpette bianche ricoperte da una striscia nera. Insegne con scarabocchi[9] indecifrabili[10]. Chi lo sa, inconsciamente sarà stato proprio il desiderio di cercare di decodificare queste scritte incomprensibili che mi ha spinto molti anni dopo a studiare il giapponese. A dire il vero, da piccolo non avevo la minima idea che la maggior parte dei miei cartoni animati preferiti provenisse

あどちらにしても、原作の名前のままでもあまり影響はなく、キム/和也くんが子どもを助けるためにあの交通事故で亡くなった時は、みんな泣いたことでしょう！

　それにしても、どうして日本のアニメがイタリアでこんなに人気を集めたのでしょうか？　この質問に一言で答えるのは簡単ではありません。が、ひとつはっきり言えるのは、日本のアニメが僕たちの家に入り込んできた時、全然知らない場所や物、食べ物や文字で溢れている、魅力的な世界に連れて行ってくれたということです。例えば、男女別の不思議な公共の「プール」で人々が一緒にお風呂に入る姿。食事の時にフォークの代わりに使われる奇妙な細長い棒。太いベルトで結ばれた、色とりどりの美しい「ナイトガウン」を着た人々。黒い帯に包まれた謎の白い団子。まったく読めない落書きのような文字の看板など。僕はこの分からない文字の意味を解読したくて、何年か後に無意識に日本語を勉強したくなったのかもしれません。実を言うと小さい頃、僕は大好きなアニメのほとんどが日本から入って来たということを全然知り

8　**catapultavano:** (カタパルトで発射するように)送り込んでくれた
　　< catapultare カタパルトで射出する
9　**scarabocchi:** いたずら書き、落書き < scarabocchio
10　**indecifrabili:** 解読できない < indecifrabile

Il mondo degli *anime*

dal Giappone, né tanto meno sapevo dove questo si trovasse. Ero convinto che quanto descritto negli *anime* fosse semplice frutto della[11] fantasia e che luoghi e personaggi che vi comparivano all'interno fossero fittizi[12]. Solo in seguito mi resi conto che non era sempre così e che spesso si trattava di un mondo reale che prima o poi avrei voluto a tutti i costi esplorare di persona. E quando ebbi occasione di[13] farlo, beh, non vi dico lo stupore! Tutto intorno a me era proprio come nel mondo degli *anime* che mi avevano fatto tanto sognare. Ancora oggi, quando per le strade di Tokyo riconosco un cartello o un semplice suono ascoltato nei cartoni, come quello della campanella di un passaggio a livello[14], ripenso alla mia infanzia e continuo ad emozionarmi esattamente come allora.

---

11 **frutto della:** 〜の成果、〜の結果
12 **fittizi:** 架空の、虚構の < fittizio
13 **quando ebbi occasione di:** 〜をする機会があった時に < avere occasione di+不定詞　ebbi < avere の遠過去
14 **passaggio a livello:** 踏切

ませんでした。日本自体がどこにあるかさえ分かっていませんで
した。アニメの話はファンタジーで、その中に登場する場所や人
物は架空のものだと思っていました。数年後、そうとは限らない、
しばしば本当に存在する世界も出てくるということに気付き、い
つかその世界をどうしても自分自身で探検してみたくなったので
す。そしてそれが実現できた時は、まあ、驚きました! 周囲のあ
らゆる物事は、まさに僕を夢想させてくれたアニメの世界そのも
のでした。今でも僕は、東京の街中でアニメに出てきた看板や
ちょっとした音、例えば踏切の音などを聞くと、子どもの頃のこと
を思い出し、感動し続けているのです。当時と同じようにね。

Il Natale? Con i tuoi!

🔊 12

Vetrine dei negozi addobbate a festa, vie del centro e balconi delle case illuminati da lucine intermittenti[1], mercatini pieni di leccornie, profumo di caldarroste appena abbrustolite. Davanti alle chiese o accanto ad antichi monumenti, enormi alberi di Natale. Nelle piazze, concertini di canzoni natalizie eseguiti da musicisti di strada. E poi ancora il bellissimo suono delle cornamuse degli zampognari[2] i quali, passando di casa in casa, ci ricordano che ormai manca pochissimo al grande evento. Quando il Santo Natale è alle porte, in tutte le città d'Italia si respira un'atmosfera calorosa e magica, caratterizzata da un crogiolo[3] di colori, luci, odori, musiche e sapori molto suggestivi. Questa festa religiosa, con la quale si celebra la nascita di Cristo, si protrae fino all'Epifania – ovvero il 6 gennaio – data in cui, secondo la tradizione cristiana, i Re Magi fecero visita al bambin Gesù nell'umile stalla di Betlemme. Una festa decisamente più lunga che in Giappone, dove si conclude il 25 dicembre. D'altronde, per noi italiani, il Natale rappresenta una tradizione antica molto importante ed è senza dubbio la ricorrenza[4] più

クリスマスは？ 家族と一緒に！

　飾り付けられたお店のショー・ウインドー。ライトアップされキラキラと輝く繁華街の通りや家のバルコニー。おいしい食べ物がずらりと並ぶ市場。焼きたての焼き栗の香り。教会の前や古い遺跡の横に聳え立つ巨大なクリスマス・ツリー。街の広場で辻音楽師が演奏するクリスマス・ソングの小音楽会。そして、家々を訪ね歩くザンポーニャ奏者が奏でる素敵な音色が、特別なあの日まであとわずかだと思い出させてくれます。聖なるクリスマスが近づいてくると、イタリアのあらゆる町は、魅惑的な色合い、光や香り、音や味が混ざり合って、魔法にかかったかのような温かい空気に包まれるのです。イエス・キリストの誕生を祝うこの宗教的な祭礼は、1月6日の主顕節まで続きます。キリスト教の伝承によれば1月6日は東方の三博士がベツレヘムの慎ましい小屋に幼子イエスを訪ねてきたという日です。12月25日に終わってしまう日本のクリスマスよりもずっと長い祭典ですね。何と言っても、イタリア人にとってクリスマスは昔からのとても大切な伝統で、間違いなく1年で最も待ちわびている最愛のイベントです。それ

1　**lucine intermittenti:** 断続的に輝く小さな光 < luce 光、照明 < intermittente 断続的な
2　**zampognari:** ザンポーニャ奏者 < zampogna（ザンポーニャはバグパイプに似た楽器）
3　**crogiolo:** るつぼ、混ざり合う所
4　**ricorrenza:** 恒例の祝祭、毎年行われる記念祭

amata e più attesa dell'anno. Anche perché, per la gioia di grandi e piccini, le scuole rimangono chiuse per due settimane e possiamo goderci alcuni giorni di riposo senza interruzioni.

Ma cosa facciamo durante questo lungo periodo di vacanza? Come dice un vecchio proverbio – Natale con i tuoi[5] e Pasqua con chi vuoi – il Natale va passato in famiglia. La sera del 24 dicembre, quindi, nessuna cena a lume di candela[6] nei ristoranti di lusso con vista sulla Tokyo Tower, e nessuna mansione lavorativa da svolgere per tutta la giornata del 25. Le cene romantiche tra fidanzatini le lasciamo da parte per San Valentino e, sia la Vigilia che il giorno di Natale, trascorriamo il tempo al calduccio delle nostre case, magari davanti al caminetto acceso. I festeggiamenti veri e propri iniziano ufficialmente la sera del 24 dicembre quando, dopo le corse affannose nei centri commerciali per acquistare gli ultimi regali, tutti gli italiani si riuniscono con i propri familiari per il cenone[7] della Vigilia. Ore ed ore seduti a tavola mangiando, bevendo, chiacchierando e talvolta pure litigando sul film natalizio da vedere in

はまた、大人にとっても子どもにとってもうれしいことに、学校の休みが2週間もあるので、何日も連続でゆっくり休むことができるからでもあります。

　こんな長い休暇中に何をするかですって？「クリスマスは家族と、復活祭は好きな人と」という古い諺（ことわざ）の通りに、クリスマスは家族と共に過ごすべきです。と言うわけで、12月24日の夜に東京タワー・ビューの豪華なレストランでクリスマス・ディナーをすることもなければ、25日も仕事は一切しません。恋人同士のロマンチックなディナーはバレンタインデーのためにとっておき、イブもクリスマス当日もぬくぬくと暖かな家の中で過ごします。赤々と燃える暖炉の前ならばなおいいですね。本格的な祝典は24日の夕方に始まります。ギリギリになってクリスマスプレゼントを買いにショッピングモールに駆け込んだ後、イタリア人はみんな家に戻り家族とのイブの晩餐会（ばんさんかい）を行います。食べて飲んで、おしゃべりをして何時間も食卓を囲み、真夜中になるのを待つのです。時にはどのクリスマス映画を観るかで喧嘩（けんか）することもありますけ

5　i tuoi: あなたの両親、家族　i tuoi familiariの省略　［参考］i miei 私の両親、家族

6　a lume di candela: ろうそくの明かりで（直訳）→ ロマンチックな

7　cenone: 晩餐会（特にクリスマスの前夜、あるいは大みそかの正餐）
　　 < cena 夕食

attesa della mezzanotte. Cosa mangiamo di solito? Il menù varia notevolmente a seconda delle regioni ma anche a seconda delle famiglie. Quello che non cambia è che, dall'antipasto al secondo piatto, deve essere esclusivamente a base di pesce. La carne infatti rappresenterebbe il corpo di Cristo e mangiarla la sera della Vigilia, ancor prima che egli venga al mondo[8], è considerato un sacrilegio[9]. Per cui, guai seri a presentare del pollo fritto a tavola la sera del 24 qualora dovesse esservi seduto anche un italiano, per di più se un credente convinto. Va bene, la carne no ma la torta con panna e fragole per dessert sì? Eh no! Anche questa è una curiosa usanza tipica del Natale giapponese, che non si capisce nemmeno molto bene da dove sia arrivata. Infatti, la torta con panna e fragole la compriamo di solito per i compleanni, mentre i dolci che fanno ingresso sulle tavole degli italiani la sera della Vigilia sono pandori, panettoni, torroni, struffoli e quant'altro.

Consumato il dessert, alle ventiquattro in punto stappiamo lo spumante e dopo esserci fatti gli auguri tra baci e abbracci, passiamo all'altrettanto atteso

どね。イブには普通何を食べるかですか？ 地域や家庭によって
メニューがかなり異なります。変わらないのは、前菜からメイン
ディッシュまで魚系でなければならないことです。と言うのは、
一説によるとお肉はキリストの体を表すので、彼がまだ生まれて
ないイブの夜にそれを食べるのは冒瀆^{とく}だとされているからです。
そんなわけで、24日の夜、イタリア人の前にフライドチキンを出す
とひどい目にあいますよ。それが熱心な信者ならばなおさらです。
お肉はダメだと分かったけど、デザートに生クリームといちごの
クリスマスケーキは大丈夫だよね、ですか？ ダメです！ これもどこ
から入ってきたかよく分からない、日本独特のクリスマスの不思
議な習慣です。生クリームといちごのケーキは、通常、誕生日の
時には買いますが、クリスマス・イブにイタリアの食卓に登場する
ドルチェは、パンドーロ、パネットーネ、トッローネ、ストルッフォ
リなどです。

　デザートを食べ終わったら、ちょうど24時にスプマンテを開け
ます。キスやハグをしながら「メリークリスマス」と言い合ったら、
お待ちかねのプレゼント交換の時間です。そしてより敬虔^{けいけん}な信

8　**venga al mondo:** 生まれる < venire al mondoの接続法 (prima
　che + 接続法 ＝ 〜する前に)

9　**sacrilegio:** 冒瀆、神聖なものを汚すこと

momento dello scambio dei regali. I più devoti, poi, di corsa in chiesa per assistere alla messa di mezzanotte, mentre i più pigri rimandano l'appuntamento con il Signore al mattino seguente. A questo punto la domanda successiva è: cosa fate il giorno di Natale dopo essere stati in chiesa? Ma è ovvio: mangiamo! Sempre nelle nostre case e sempre con i nostri parenti. Ancora ore e ore a tavola, fino a sera, giocando a carte o a tombola tra un piatto e l'altro, questa volta a base di carne. E se avanza qualcosa? Nessun problema! Ci rimane a disposizione tutto il 26 dicembre, il giorno di Santo Stefano dedicato anch'esso, che ve lo dico a fare, al mangiare e al dolce far niente[10]. Quindi, come avrete capito, il Natale è un'occasione per stare a casa a rilassarci e a riempirci di prelibatezze, molto simile al Capodanno in Giappone, passato con la propria famiglia sotto le calde coperte del *kotatsu*. E da gennaio, sia italiani che giapponesi, tutti in palestra a cercare di smaltire faticosamente i chili di troppo messi su durante le feste!

---

10 il dolce far niente: まったりすること、何もしないこと

者は駆け足で教会に向かい、真夜中のミサを聞きに行きます。一方、より怠惰な人は神様との約束を翌朝まで見送ることも。じゃあ、次に知りたくなるのは、クリスマス当日、教会から帰ってきたら何をするの?ということですよね。もちろん、食べるんです! この日もまた自分達の家で親戚と何時間も食卓を囲み、今度は肉系の料理を食べながらカードゲームやビンゴで夜まで遊びます。もし何かを食べ残したとしても問題ありません! 聖ステファノの日である26日に使い回しますから。この日も言うまでもなく祭日で、食べることやまったりすることに専念する日です。つまり、もうお分かりいただけたと思いますが、クリスマスというのは、家でゆっくりして、おいしいものでお腹いっぱいになる期間で、まさに家族と一緒に暖かいこたつで過ごす日本のお正月ととてもよく似ているんです。そして1月になると、休みの間に太った分を落とすために、イタリア人も日本人もジムで必死に頑張るしかないですね!

Tutti in fila!

◀) 13

"Chi posso servire?". Quando il commesso dell'alimentari sotto casa dove da bambino mia madre mi mandava sempre a fare la spesa, poneva questa domanda, prima che io mi facessi avanti e con la mia voce tremula riuscissi a pronunciare "tocca a me", c'era sempre qualcuno che mi batteva sul tempo[1] e si faceva servire malgrado non fosse ancora giunto il suo turno. "Eh no, signora, Lei è arrivata dopo di me" era quanto ogni volta avrei voluto e forse dovuto controbattere, ma da piccolo – non che adesso le cose siano cambiate più di tanto – poiché avevo un carattere molto introverso e parlare davanti a persone che non conoscevo mi metteva in imbarazzo, lasciavo sempre correre. "No! Tu una persona timida? Ma quando mai[2]!" penserete voi. E invece era proprio così! Ricordo che un giorno, avrò avuto sì e no sette anni, quando andai all'alimentari in questione per comprare il pane, stetti in attesa almeno una ventina di minuti, facendo passare avanti a me non so quante persone nella speranza che prima o poi un'anima pia[3] venisse in mio soccorso e dicesse: "No, veramente toccherebbe al bambino". Ma nien-

きちんと並びましょう！

「次はどなたの番ですか?」。子どもの頃、母に家の近所の食料品店によくおつかいに行かされた時、店員さんにそう尋ねられると、僕は一歩前に進み出ておずおずと「僕の番です」と言おうとしました。ところがその度に、自分の番ではないのに前に割り込んで買い物をする人がいました。「いや、おばさん、あなたは僕の後にお店に入りましたよね?」と毎回、言いたかったし、言うべきだったのかもしれませんが、小さい頃の僕は内向的な性格で、知らない人の前で話をするのは少し苦手だったので、いつも何も言えませんでした。今もそういうところはそんなに変わってはいないんですけどね。「えっ、それって恥ずかしがり屋ってこと? それはないない!」と思っているでしょう? でも本当にそうだったんですよ! 思い起こせば7歳くらいのある日、先ほどの食料品店にパンを買いに行った時、数えきれないくらいの人に割り込まれてしまい、20分程待ったことがありました。「いや、この子の番じゃない?」と救いの手を差しのべてくれる情け深い人が現れるのではないかと期待しましたが、実際は誰も助けてくれなかったのです!

1 **mi batteva sul tempo:** 僕より早く行動していた < battere sul tempo 先回りする　battere 負かす
2 **quando mai:** (疑問文や返答の中で)一体いつ、断じてない
3 **un'anima pia:** 優しい人　anima 人、人間 < pio 敬虔な、情け深い

te! Non vedendomi tornare, mia madre scese giù preoccupatissima pensando che mi fosse successo qualcosa e quando le spiegai perché ci stavo mettendo così tanto, dovetti pure subirmi una bella sgridata! La colpa, secondo lei, era mia che rimanevo imbambolato[4] senza fiatare[5], e tacere significava dire: "Prego, vada pure avanti".

Tutto sarebbe stato decisamente meno complicato se la gente arrivata dopo di me avesse avuto un minimo di buon senso e avesse rispettato la fila. Il problema alla base, però, era che in quell'alimentari non esisteva nemmeno l'ombra di quello che si potesse definire una fila. D'altro canto, questa parola purtroppo non è contemplata[6] nel vocabolario della maggior parte di noi italiani che, anche solo a sentirla nominare, siamo assaliti da degli strani sintomi molto simili a quelli scatenati da una qualche forma di allergia. Ecco, non ho fatto in tempo a finire di scriverla che già comincio a sentire un formicolio[7] alle dita! Infatti, che sia all'ufficio postale per pagare una bolletta o in banca per prelevare dei soldi, alla segreteria dell'Università per ritirare il diploma di

僕がなかなか帰って来ないので、何かあったのではないかととても心配しながら母が様子を見に来てくれましたが、時間がかかった理由を説明したらものすごく怒られました！　母いわく、何も言わないでぼんやりしていた僕が悪いし、黙っていると「どうぞお先に」ということになってしまうのだと言うのです。

　僕の後に来た人たちが良識を持って順番を守ってくれたら、こんなややこしいことには絶対にならなかっただろうと思うのですが。そもそもの問題として、あの店の中に行列と呼べるようなものは影も形もなかったのです。残念ながら「行列」という言葉はほとんどのイタリア人の辞書に存在しないもので、聞いただけでアレルギーのような不思議な症状が出てしまうんです。実際に、ほら！「行列」という単語を書き終える前に、もう指がしびれ始めてきました！　と言うことで、光熱費を支払うための郵便局だろうが、お金をおろすための銀行だろうが、卒業証明書をもらうための大学の事務局だろうが、もしくはエスプレッソを注文するためのバー

4　**imbambolato**: 茫然とした、きょとんとした
5　**senza fiatare**: 息をせずに、何も話さずに < non fiatare 押し黙る
6　**non è contemplata**: 含まれていない < essere contemplato [法]
　　予見される、あらかじめ定められる
7　**formicolio**: 手足などがチクチクする感じ

laurea o al bar per ordinare un caffè, metterci in coda è una cosa per la quale siamo completamente negati e di cui tutti faremmo volentieri a meno[8]. Non saprei spiegarne le ragioni, forse sarà per una questione psicologica, ma stare lì ad aspettare che arrivi il nostro turno, senza avere nient'altro da fare è un qualcosa che ci fa proprio innervosire. Soprattutto quando la fila è lenta e quei cinque minuti ci sembrano lunghi quanto un'eternità e quindi, istintivamente, tendiamo a raggrupparci tutti nello stesso punto, a cono, come se in questo modo avessimo la sensazione di finire prima. Non lo facciamo perché abbiamo cattive intenzioni o perché vogliamo raggirare il prossimo, è solo che siamo, come dire, un pochino impazienti. Vabbè, poi che ogni tanto qualcuno provi a fare il furbo[9] è un discorso a parte!

Con tali presupposti, non dovreste fare nessuna fatica a comprendere il motivo per cui quando vedo dei giapponesi allineati per bene in fila, lungo i binari di una stazione o persino alla fermata dell'autobus, la prima considerazione che mi viene in mente sia: "Ma come diavolo fanno?". Ed è quello che mi

ルだろうが、僕たちは並ぶということが苦手で、避けられるもの
ならできる限り行列を避けたいのです。なぜかと言われても上手
く説明できませんが、おそらく心理的な問題で、他に何もせず、
ひたすら自分の番を待つということにどうしようもなくイライラし
てしまうからかもしれませんね。特に行列がほとんど動かず、たっ
た5分が永遠のように感じてしまう時はなおさらです。まるでそ
うすれば行列が早く終わるとでも思っているかのように、みんな
本能的に同じ地点に集まって、三角形の塊になってしまうのです。
悪気があって他人を出し抜こうとしているわけではなく、ただ何
というか、辛抱できないのです。まあ、たまにずるいことをしよう
とする人もいますが、それはまた別の話ですね！

　こんな状況が前提としてあるので、駅のホームやバス停でもき
ちんと一列に並んでいる日本人を見かけるとまず、「一体どうした
らこんな風にできるんだ？」と僕がすぐ思うのも、容易に理解して

---

8 **faremmo volentieri a meno:** なくても全然問題ない < fare a
　meno di... 〜なしで済ます、〜しないままでいる
9 **fare il furbo:** ずるいことをする　furbo 抜け目ない、うまく立ち回る、
　ずる賢い

domando anche ogni qual volta li vedo fare delle code chilometriche per entrare in un ristorantino di *ramen*, per farsi autografare il CD dalle loro "idol" preferite in quel di Akihabara, o per arrivare per primi ad accaparrarsi l'ultimo modello di smartphone, dopo essersi letteralmente accampati con sacco a pelo[10] e seggiolino[11] davanti al negozio di elettronica per ben due o tre giorni. Addirittura c'è gente capace di[12] stare in fila ore ed ore per un semplice tè al latte con palline di tapioca all'interno. Ma la cosa più incredibile è che durante la lunga attesa in fila, nessuno cerca di passare davanti agli altri, né si lamenta o perde la pazienza, quasi come se in fondo gli piacesse stare in coda ed aspettare all'infinito. L'esatto opposto di quanto avviene in Italia. A proposito, forse è meglio che mi fermi qui, altrimenti, a forza di[13] parlare di file, potrei davvero correre il rischio di prendermi un'orticaria!

---

10 sacco a pelo: 寝袋
11 seggiolino: 折りたたみ椅子
12 capace di: 〜することができる < essere capace di...
13 a forza di: 〜し続けたおかげで、〜のあげく

もらえるのではないでしょうか。ラーメン屋さんに入るため、ある
いは秋葉原でお気に入りのアイドルの**CD**にサインをもらうため
に長蛇の列を作っているのを目にした時も、最新型のスマートフォ
ンを手に入れるため、寝袋と折りたたみ椅子持参で2日も3日も
電気屋さんの前で野宿して並んでいるのを見た時も、やはり、「一
体どうしたら？」と毎回思ってしまいます。なんと、タピオカパー
ルが入っただけのただのミルクティーのために何時間も並ぶ人ま
でいます。でも何より信じ難いのは、長い時間並んでいてもほか
の人の前を横切ったり、文句を言ったり、我慢できなくなったりす
る人が一切いないということで、まるで本当はいつまでも並んで
待つことが好きなんじゃないかと思えるほど。イタリアの状況と
はまったく逆ですね。さてさて、このあたりでそろそろ終わりにし
た方がいいかもしれません。行列の話ばかりしていると、本当に
蕁麻疹（じんましん）が出てきそうですから！

L'incrocio più trafficato del mondo

🔊 14

"Avanti! E non abbiate paura delle tenebre! Desti!
Desti, cavalieri di Theoden! Lance verranno agitate[1].
Scudi verranno spezzati[2]. (...) Cavalcate ora! Caval-
cate ora! Cavalcate verso la rovina e la fine del mon-
do! Morte! Morte! Morte! Avanti, Eorlingas!".[*1]

Con queste parole re Theoden esorta l'esercito dei
Rohirrim a combattere contro le armate di Mordor
nella battaglia decisiva dei campi del Pelennor. Gli
appassionati del kolossal "Il signore degli anelli"
avranno capito subito che non mi sto riferendo a
nessun avvenimento storico reale e sicuramente
avranno riconosciuto questa scena epica de "Il ritor-
no del Re", ultimo della trilogia, in cui migliaia e migliaia di soldati si scagliano[3] come un fiume in piena
sul nemico, in uno scontro frontale all'ultimo sangue.

Ecco, a Tokyo, in uno dei quartieri più animati
della città, c'è un luogo dove in alcuni momenti della
giornata è possibile contemplare un fiume di gente
altrettanto impressionante. Sto parlando dello
scramble di Shibuya, l'attraversamento pedonale più
famoso del mondo. In realtà altro non è che un semplice incrocio, ma quando il semaforo delle automo-

世界一混雑する交差点

「進め！ 闇を恐れるな！ 立ち上がれ！ 立ち上がれ、セオデンの騎士たち！ 槍を振るえ。盾を砕け。[…] 今こそ馬を駆れ！ 今こそ馬を駆れ！ 破滅と世界の終わりに向かって、馬を駆れ！ 死を！ 死を！ 死を！ 進め、エオルリンガスよ！」*2

　こんな言葉で、セオデン王はペレンノール平野の決戦にてモルドール軍を攻めるようにローハンの騎士たちを鼓舞するのです。映画『ロード・オブ・ザ・リング』の熱烈なファンだったら、これは史実に言及しているわけではなく、3部作の最終章『王の帰還』のクライマックス、血で血を洗うような戦いの中、何千人もの兵士たちが増水した川のような勢いで敵を襲う場面だとすぐさま気付くことでしょう。

　実は東京のある繁華街には、一日に何度となく、この映画のシーンさながらのすさまじい川のような人の流れが眺められる場所があります。それは、世界一有名な渋谷のスクランブル交差点のことです。本当にただの交差点ですが、自動車用の信号が赤

1　**Lance verranno agitate.**: 槍が振り動かされるでしょう。 < lancia 槍 < agitare 振り動かす

2　**Scudi verranno spezzati.**: 盾が砕かれるでしょう。 < scudo 盾 < spezzare 砕く、粉々にする

3　**si scagliano:** ～に飛びかかる、襲う、激しくののしる < scagliarsi su...

*1、*2 『ロード・オブ・ザ・リング／王の帰還』2003（監督：ピーター・ジャクソン）　WINGNUT FILMS（NEW LINE CINEMA、日本ヘラルド映画／松竹　角川映画　DVD）（イタリア語訳および日本語訳は引用者による）

bili diventa rosso, per circa un minuto, il traffico viene bloccato e i pedoni[4] hanno la possibilità di attraversare la strada in tutte le direzioni. Data la spaventosa concentrazione di persone, soprattutto durante le ore di punta, nell'istante in cui scatta il verde[5], un po' come al grido di "morte" di Theoden nel film, da ogni lato dell'intersezione una marea di gente si riversa contemporaneamente in strada e sembra quasi di essere in un campo dove sta per avere inizio[6] una cruenta battaglia. Ad attraversare, per fortuna, non sono soldati con lance e spade, ma normalissime persone come pendolari[7], studenti o turisti armati tutt'al più[8] di borse, smartphone o macchine fotografiche e senza intenzioni omicide. Ciò non toglie che, soprattutto la prima volta, ritrovarsi nel bel mezzo di una valanga di esseri umani del genere non incuta una certa ansia e agitazione.

Ma l'aspetto più sbalorditivo è che, nonostante il numero stratosferico di individui intenti a[9] raggiungere l'altro lato dell'incrocio, non si verifica mai uno

になると、交通が1分程度遮断され、歩行者はあらゆる方向に
道を渡ることができるのです。しかし、ものすごい数の人が集ま
るので、とりわけラッシュアワーには信号が青になった瞬間、セ
オデン王の「死を!」というかけ声がかかったみたいに、交差点の
あらゆる方向から大量の人が同時に道に溢れ出して、まるで激し
い戦闘でも始まるかのような状態になるのです。幸いなことに交
差点を渡っているのは槍や刀を持った兵士ではなく、殺意なき普
通の通勤者や学生、あるいは観光客で、持っているのはせいぜ
いカバンやスマートフォン、そしてカメラなどです。とは言え、特
に初めての時はこのような人間の雪崩のど真ん中に巻き込まれる
ことに少し不安を覚えると言うか、動揺するのも当然ですよね。

　でも何が本当に信じられないって、交通が遮断される1分程
の間に交差点を渡ろうとする人の数が非常に多いのにもかかわら
ず、歩行者たちが一切互いにぶつかったりしないということです。

---

4 **pedoni:** 歩行者 < pedone
5 **scatta il verde:** 信号が青になる、信号が変わる < scattare はね返る、
　すばやく作動する
6 **sta per avere inizio:** 〜が始まろうとする < stare per+ 不定詞
　〜しようとする
7 **pendolari:** 別の都市からの通勤者 < pendolare
8 **tutt'al più:** せいぜい、多くとも、ことによると
9 **intenti a:** 〜するつもりで、〜しようとして、〜に専念している < essere
　intento a+ 不定詞

scontro fra pedoni, e più che di disordine, si ha una sensazione di caos ordinato in cui tutti hanno una percezione ben precisa dello spazio e sanno esattamente come muoversi per evitare collisioni con il prossimo. Sembra assurdo e viene da chiedersi come ciò possa essere possibile. Se esistesse un incrocio della stessa portata[10] in un'altra grande metropoli del mondo, in poche ore si scatenerebbe un putiferio. D'altronde siamo in Giappone, paese per eccellenza[11] dell'ordine e del senso civico e i cui abitanti sono educati sin da piccoli a non invadere gli spazi altrui mantenendo sempre le dovute distanze.

C'è un giorno dell'anno in cui, però, lo *scramble* cambia completamente faccia e si trasforma in un luogo impraticabile in cui il disordine e la confusione la fanno da padroni[12]. In occasione della festa di Halloween, la sera del 31 ottobre, migliaia di persone travestite si riuniscono qui sfilando per le strade e sfoggiando costumi di ogni tipo. Si tratta di una moda che ha preso piede[13] qualche anno fa, ma che ultimamente ha iniziato a degenerare al punto da ri-

混乱と言うよりも整然としたカオスのような感じで、みんな空間認識能力が高く、他人との衝突を避けるためにどのように動いたらいいかよく分かっているような印象です。まったくおかしな光景で、どうしてこんなことがありうるのかと思ってしまうのです。世界の他の大都市に同じような交差点が存在していたら数時間で大騒ぎになるでしょう。しかし、ここは日本です。礼儀正しい日本人は常に秩序を保ち、他人と適切な距離を置き、人様のパーソナルスペースに入り込まないように子どもの頃から教育されているわけです。

　ところが、年に1回このスクランブル交差点が完全に姿を変え、混乱やカオスに陥り、とても近づけない場所になってしまうこともあります。それは10月31日の夜、ハロウィーンを祝うために仮装した数千人がここに集まり、様々なコスチュームを見せびらかしながら道路を練り歩く時のことです。数年前から流行りだしたイ

---

10 della stessa portata: 同じ大きさの
11 per eccellenza: この上なく、最高に、まさにそう呼ぶべき
12 la fanno da padroni: 主人顔をする、大いばりする < farla da padrone
13 ha preso piede: 広がる、定着する < prendere piede

chiedere l'intervento delle forze dell'ordine: traffico completamente bloccato, gente ammassata l'una sull'altra, camion presi d'assalto e ribaltati, immondizia ovunque. Un po' come se con una maschera addosso ci si sentisse autorizzati a fare qualsiasi cosa, dimenticandosi per una volta di quelle regole comportamentali alla base di una società civile. Ci resta solo da sperare che in futuro la situazione non sfugga ulteriormente di mano[14], altrimenti fra qualche anno rischieremo davvero che la notte delle streghe il cuore di Shibuya diventi un teatro di battaglie alla stregua di[15] quello de "Il signore degli anelli".

ベントですが、近頃は車が通れないほどものすごく混雑したり、みんな互いに押しあったり、トラックを襲ってひっくり返したり、至る所にゴミが捨てられたりと、警察の介入が必要なほどコントロールできなくなりつつあります。まるで仮面を被っていることで、一度くらいなら社会の基本ルールを破って何をやっても許されるだろうという気持ちになるかのようです。この状況がこれから先エスカレートしないよう望むばかりです。そうでなければ数年後、ハロウィーンの夜の渋谷の中心部は、まさに『ロード・オブ・ザ・リング』の戦闘の舞台のようになるおそれもあり、とても心配ですね。

---

14 non sfugga ulteriormente di mano: さらにコントロールができ
 きなくなる < sfuggire di mano 手からすべり落ちる
15 alla stregua di: 〜と同一の尺度で、同様に　stregua 尺度、基準

Che tempo farà domani?

Nelle giornate serene con cielo limpido e senza neanche l'ombra di una nuvola, a Tokyo capita spesso di vedere persone a passeggio munite[1] di ombrello. Premesso che[2] quando vivevo in Italia andavo quasi sempre a zonzo senza ombrello persino nei giorni di pioggia e che in quelli soleggiati non mi sfiorava neppure lontanamente l'idea di portarne uno con me, questa cosa, appena arrivato qui, mi era sembrata un po' buffa. In Giappone però, soprattutto in estate, il tempo è estremamente variabile e poiché acquazzoni[3] improvvisi sono piuttosto frequenti, inizialmente mi convinsi che[4] quella di avere un ombrello anche nelle giornate di sole fosse una semplice precauzione presa esclusivamente durante la bella stagione. Ma col passare dei mesi mi resi conto che[5], stranamente, si trattava di un'abitudine molto diffusa tutto l'anno, guarda caso[6], solo in quei giorni in cui effettivamente di punto in bianco veniva a piovere. La spiegazione di questo arcano mistero si rivelò più elementare di quanto pensassi: al mattino, prima di uscire di casa, la gente controllava le previsioni del tempo e, data la loro esattezza, portare con

明日はどんな天気？

　雲ひとつない澄んだ青空の日、東京では傘を持って歩いている人を見かけることがよくあります。来日当初は、その光景を少し滑稽なものに感じていました。まあ、イタリアに住んでいた頃は、雨の日でさえほとんど傘を持たなかったので、晴れている日に持ち歩くなんて僕にとってありえないことでしたからね。でも日本では特に夏の天気がすごく変わりやすく、いきなり土砂降りになってもおかしくありません。だから初めは、晴れている日でも傘を持ち歩くという行動は、きっと夏の間だけに見られるゲリラ豪雨対策だろうと思い込んでいました。しかし月日が経つにつれ、不思議なことにその習慣が一年中見られること、しかもなんと、それが見られた時に限って天気が急変し、実際に雨が降ることに気付いたのです。この奇妙な謎の解明は思っていたより簡単でした。つまり、みんな朝、家を出る前に天気予報をチェックし、傘

1　**munite:** 備え付けられた、持参している < essere munito di...
2　**premesso che:** そのことを前提として
3　**acquazzoni:** 集中豪雨、激しいにわか雨 < acquazzone
4　**mi convinsi che:** 確信した < convincersi che/di...
5　**mi resi conto che:** ～に気が付いた < rendersi conto che/di...
6　**guarda caso:** なんと、こともあろうに

sé l'ombrello significava che al 99% lo avrebbe usato per ripararsi dalla pioggia.

Adesso il lettore giapponese si starà domandando: "E allora? Voi italiani non date un'occhiata al[7] bollettino meteorologico prima di uscire?". Beh... a volte sì, a volte no. Dipende da diversi fattori: dai nostri impegni, se dobbiamo spostarci a piedi o in macchina, o da quanto siamo fatalisti e quindi propensi a dire "que será, será". Una cosa è sicura: vista anche la scarsa attendibilità delle nostre previsioni del tempo, seguirle o meno non farebbe la stessa differenza che farebbe qui in Giappone, dove al contrario, grazie alla loro accuratezza e affidabilità possono davvero salvarti la giornata.

Che per i giapponesi poi svolgano un ruolo molto importante nella vita quotidiana lo si capisce già dal grande spazio che ad esse viene riservato[8] in TV. Infatti, mentre in Italia le previsioni meteorologiche sono grosso modo[9] trasmesse in quattro o cinque momenti della giornata – alla fine dei notiziari e per una durata di massimo due o tre minuti – in Giappone, solamente nella fascia oraria che va dalle sei

を持って出かけているのです。そしてその天気予報がよく当たるため、99％の確率でその傘を使うことになるというわけだったのです。

「それがどうしたの？ イタリア人はお出かけする前に天気予報をチェックしたりしないの？」と今、日本の読者は思っているでしょう。う～ん、……する時もあればしない時もあるんですね。それは様々な条件によります。その日の予定次第で、移動は車か徒歩か。または「なるようになるさ」という運命論的な考え方の持ち主かどうか。ひとつ言えるのは、イタリアの天気予報は信憑性に欠けているため、見ても見なくても何も変わらないことですかね。反対に日本の天気予報は精度が高く信頼できるものなので、確認することによって本当の意味で助かることがあります。

　日本人の日常生活において天気予報がどれだけ大事な役割を果たしているかは、テレビでお天気コーナーに多くの時間が割り当てられていることからもよく分かります。イタリアの天気予報は大体1日に4、5回くらい、ニュースのすぐ後にせいぜい2、3分しか放送されないのに対して、日本では朝6時から夕方の6時の

7　**date un'occhiata a:** ～をちらっと見る、～にざっと目を通す < dare un'occhiata a...
8　**viene riservato:** 与えられる、割り当てられる < riservare
9　**grosso modo:** 大体

del mattino alle sei di sera, ci vengono dati continui aggiornamenti sulle condizioni atmosferiche almeno ogni ora. Così in qualsiasi momento della giornata ci si sintonizzi su uno dei maggiori canali, ecco uno dei tanti famosi meteorologi alle prese con il computer graphic, mappe e pannelli giganti, utilizzando e muovendo su dei plastici riproduzioni magnetiche di montagne, nuvole, ammassi di alta pressione e marchingegni[10] vari. In alcuni programmi di informazione pomeridiani, inoltre, l'angolo meteo spesso arriva a durare addirittura decine e decine di minuti, con commenti di una precisione e cura del particolare direi talvolta maniacale.

Ma quel che contraddistingue[11] le previsioni del tempo giapponesi è che non si limitano a darci ragguagli[12] sul meteo indicandoci "semplicemente" quando e dove pioverà, quanti millimetri di acqua o neve si accumuleranno sulle strade o l'ora esatta in cui un tifone si scaglierà sulle nostre case. Eh no! Vanno di gran lunga oltre, dandoci preziosi consigli sulle contromisure da adottare: ad esempio quali indumenti indossare quando le temperature si ab-

間だけでも大気の状況に関する情報が少なくとも1時間ごとに
ずっと発信され続けます。そんなわけで、どの時間帯にテレビを
つけてもメインの局では、有名なお天気キャスターが、CG、天気
図、巨大なパネルを使い、ジオラマにマグネット付きの模型の山々、
雲と高気圧の塊などのおもしろい道具を動かしながら天気につい
て説明しているところが見られます。さらに、いくつかのお昼の
情報番組では、天気予報が何十分も続くこともあります。しかも
時に「お天気マニア」向けではないかと思うくらい細かいことまで
懇切丁寧に解説してくれます。

　でも、日本の天気予報のすごさは、いつどこで雨が降るか、道
に何ミリの雪や雨が溜まるか、私たちの自宅に台風が何時に襲っ
てくるかという「単なる」気象情報を与えてくれることだけにとど
まりません。そうです！ それをはるかに超え、どんな対策を取れ
ばいいかという貴重なアドバイスまでしてくれるのです。例えば、

---

10 marchingegni: 操作が複雑な機器 < marchingegno
11 contraddistingue: 目立たせる、目印を付ける、特徴付ける
　　< contraddistinguere
12 darci ragguagli: 私たちに細かい状況報告をする < ragguaglio 詳
　　細な報告

bassano bruscamente, il momento in cui stendere o ritirare il bucato; quando effettuare il cambio stagione[13] negli armadi o fare il rifornimento di mascherine per salvaguardarci dalla minaccia dei pollini durante il periodo dell'allergia. E come se già questo non fosse abbastanza, ci forniscono informazioni dettagliate su dove e quando poter ammirare la fioritura dei ciliegi in primavera, le bellissime foglie tinte di rosso in autunno e quali cibi assaporare in base ai diversi periodi dell'anno. In poche parole, possiamo benissimo affermare senza tema di[14] esagerazione che le previsioni del tempo giapponesi sono indispensabili quasi quanto un vademecum[15] senza il cui supporto nessuno sarebbe in grado di affrontare la giornata!

気温が急激に下がった時にどんな服装したらいいかとか、洗濯
物はいつ干していつ取り込んだらいいか。そしていつ衣替えをす
ればいいかとか、アレルギーの季節に飛んでいる花粉から身を
守るためにどのタイミングでマスクを買い置きすればいいかとか。
これで終わりではありません。春はいつどこで桜が咲いているの
か、秋はいつどこで美しい紅葉が見られるか。季節ごとのおいし
い旬の食べ物まで詳しく教えてくれるわけです。要するに、日本
の天気予報というものは、それなくしては1日が始まらない「便覧」
のような存在だと言っても過言ではないですね！

---

13 cambio stagione: 衣替え
14 senza tema di: 〜を恐れず
15 vademecum: 必携の書、手引き書、便覧

Abbronzarsi o non abbronzarsi? Questo è il dilemma!

🔊 16

In un tormentone[1] del 1963, il noto cantautore romano Edoardo Vianello cantava di quanto fosse bello trascorrere le vacanze estive al mare sotto i raggi del sole. "Abbronzatissima", dal testo spensierato e leggero, ebbe un successo strepitoso ed è considerata tuttora come una canzone simbolo del boom economico italiano degli anni sessanta, il quale trovò una delle sue massime espressioni nel turismo balneare. In quell'epoca in Italia dilagava una vera e propria passione per la tintarella[2] e durante l'estate gli italiani, caricati ombrelloni, lettini e valigie sulle proprie auto, si accalcavano in spiaggia dove trascorrevano giornate intere ad abbrustolirsi[3] al sole.

In realtà, fino a qualche decennio prima l'abbronzatura della pelle non era affatto ben vista perché ritenuta[4] caratteristica dei contadini, costretti a lavorare per molte ore all'aperto. Fu dopo il processo di industrializzazione e, in seguito, con lo sviluppo economico e del turismo che si ebbe un totale capovolgimento della situazione: l'essere abbronzato divenne lo status dei ricchi i quali potevano per-

日に焼くべきか、焼かざるべきか？
それが問題だ！

　ローマ出身のエドアルド・ヴィアネッロという有名なシンガーソングライターは、1963年にリリースされたヒット曲『アップロンザティッスィマ』で夏のバカンスを海の太陽の下で過ごす素晴らしさを歌っていました。軽快で楽しげな歌詞で大成功を収め、今もなお夏のビーチに欠かせない、60年代のイタリア好景気のシンボルとされている曲です。当時、イタリアでは日焼けへの関心が大いに高まっていて、夏休みには自家用車にパラソル、デッキチェア、その他の荷物を積み込んだ人々が海水浴場へ殺到し、そこで一日中日焼けをしていました。

　実は、その数十年前までは肌を焼くということはまったく世間に受け入れられていなかったのです。なぜかと言うと、日焼けは何時間も太陽の下で作業をしなければならなかった農民の象徴だったからです。その後工業化が進み、経済と観光の発展と共に状況が完全に逆転しました。赤銅色の肌は海水浴場で長いバカンスを過ごす余裕のあるお金持ちのステータスに変わり、それ

1　**tormentone:** ヒット曲 < tormento 苦痛、苦悩、うるさい人・物　「だんだんと苦痛に感じられてくるほど、何度も繰り返し聞かされる曲」ということから、「ヒット曲」の意味で使われる。

2　**tintarella:** 日焼け < tinta 染め色、色合い、顔色

3　**abbrustolirsi:** 肌を焼くために日に当たる < abbrustolire 焼き色を付ける、あぶる

4　**ritenuta:** ～だと思われる < ritenere ～と思う、考える

mettersi lunghe vacanze in località balneari, mentre gli esponenti delle classi meno abbienti[5], che dovevano lavorare in fabbrica, rimanevano di colore pallido e bianco. Così la moda della pelle dorata si diffuse sempre di più fino a divenire sinonimo di bellezza e salute. Tutt'oggi, anche se più consapevoli rispetto a qualche anno fa dei rischi che comporta un'eccessiva esposizione al sole, e quindi più attenti, l'abbronzatura è costantemente ricercata. Con l'arrivo della primavera, infatti, non appena[6] esce un po' di sole, tutti in pantaloncini al parco più vicino o nel giardino di casa a fare i primi bagni solari!

Tale comportamento è assolutamente impensabile qui in Giappone dove il sole è visto, in particolar modo dalle donne, come un acerrimo[7] nemico, un'arma letale, una specie di demonio da cui stare alla larga[8] ad ogni costo e con ogni mezzo. Ecco perché, se nelle farmacie italiane troviamo creme solari, oli al carotene e spray autoabbronzanti di ogni genere, in quelle giapponesi abbiamo principalmente fondotinta color latte, protezioni solari, creme sbiancanti e via dicendo. Inoltre, pur di evitare qual-

に反して工場で働かなければならなくなった下層階級の労働者
は日焼けせずにずっと青白い顔色のままでした。と言うわけで、
日に焼けた肌が流行り出して、日焼けという言葉が「美」と「健
康」の類義語となったのです。数年前に比べて過度の日焼けによ
る危険を意識し気を付ける一方で、現在も日焼けの機会を常に
求めています。春になって少しでも晴れてきたら、みんな短パン
姿で近くの公園や自宅の庭に繰り出し、最初の太陽の光を浴び
るのです！

　こういった行動は日本では絶対に考えられないでしょう。なぜ
なら、特に女性にとっては、太陽というのは何がなんでも避ける
べき不倶戴天の敵、凶器や悪魔のような存在だとされているから
です。そのため、イタリアの薬局ではあらゆる日焼け用クリーム、
カロチンの入ったサンオイル、スプレータイプのセルフタンニング
ローションのようなものが置いてあるのに対して、日本にあるの
は白っぽい色のファンデーション、日焼け止め、美白化粧品など
ばかりです。その上、絶対に太陽の光に当たらないよう身を守る

---

5 **abbienti**: 裕福な人、金持ち、有産階級 < abbiente [avereの（古）現
　分]

6 **non appena**: ～するとすぐに ＝ appena

7 **acerrimo**: ［絶対最上級］辛辣な、手強い、手厳しい < acre 刺激性の、
　ピリッとした、ツンとする

8 **stare alla larga (da)**: ～を避ける、（人や物から）離れている

siasi tipo di contatto con i raggi del sole, spesso si vedono in giro persone che per ripararsi, oltre al parasole, usano lunghi guanti per le braccia, pagliette[9] a falda larga, occhiali da sole giganti o addirittura visiere interamente avvolte da una stoffa nera, che ricordano quelle protezioni usate dai disinfestatori di vespe alle prese con nidi mastodontici[10]!

Ma perché tutta questa paura di prendere un po' di colorito? "Noi donne giapponesi vogliamo sembrare più giovani della nostra età reale. I raggi ultravioletti[11] non solo causano un invecchiamento precoce della pelle, ma facilitano anche la comparsa di bruttissime macchie sul viso. Perciò non vogliamo rimanere scoperte nemmeno per mezzo secondo". Questo è quanto una mia studentessa mi rispose una volta, quando le chiesi semplicemente che bisogno avesse di usare il parasole per i soli dieci metri che separavano il distributore automatico di bevande dalla nostra scuola! A quanto pare[12], mantenere la pelle bianca è una priorità assoluta per ragioni puramente estetiche, così come lo è per noi averla abbronzata.

ために日傘を差すだけでなく、腕をカバーする長い手袋、つばの
広い麦わら帽子、巨大なサングラスなどを使う人をよく見かけます。
スズメバチの駆除業者が大きな巣をやっつけるときに着用する防
護服を思い出させる、黒い布に覆われたサンバイザーまで被る
人も！

　どうして少しでも黒くなるのがそんなに恐ろしいのでしょうか？
「私たち日本人女性は年齢より若く見えたいの」と僕の生徒さん
が言っていました。「紫外線は肌の老化を早めるだけじゃなく、
顔にできる見苦しいシミの原因にもなるから一瞬でも日焼けした
くないんです」。僕が「学校から自販機までたったの10メートル
しかないのに、日傘がいるワケ？」と聞いただけでこの反応です！
どうやら白い肌を保つことは、僕たちにとってのイケてる日焼け肌
をゲットすることと同じで、美容の絶対的なニーズなんですね。

9　pagliette: 麦わら帽子 < paglietta
10 mastodontici: 巨大な、大規模の、とんでもない < mastodontico
11 raggi ultravioletti: 紫外線
12 a quanto pare: 見たところ、どうやら

Abbronzarsi o non abbronzarsi? Questo è il dilemma!

Ovviamente la bellezza è un qualcosa di soggettivo su cui non si discute e ognuno è libero di agire come crede. Però mi chiedo se privarsi del piacere di stendersi al sole in riva al mare, o in qualsiasi altro luogo, sia una scelta del tutto corretta. Non dobbiamo dimenticare, infatti, che prendere il sole ha anche diversi effetti benefici sul nostro corpo, come il mantenimento in salute delle ossa grazie alla produzione di vitamina D, la quale, tra l'altro, incide[13] positivamente sull'umore. Forse sarà pure per questo che noi italiani siamo sempre così allegri. Insomma, per concludere direi proprio che, se preso con le dovute precauzioni e nelle giuste dosi, un po' di sole non guasta mai[14]! Come dite? Non vi ho convinto? Ci avrei giurato[15]! Potremmo dibattere in eterno su questa differenza culturale ma, ahimè, probabilmente non arriveremo mai a un punto di incontro!

---

13 incide: 〜に大きな影響を与える、跡を残す < incidere su...
14 non guasta mai: 決して悪い結果にはならない、〜をやってもかまわない < guastare 害になる、差し支える
15 ci avrei giurato: それについて断言することもできた →思った通りだ < giurarci 誓う、断言する

　もちろん美とはとても個人的なもので、それについてあれこれ言う必要もないし、人それぞれ自由にしていいと思います。が、海辺などで太陽の下で横になる喜びを完全に捨てることが本当に正しい選択でしょうか？ 日光浴は私たちの体に良い効果をもたらすことも忘れてはいけません。例えば、日光を浴びると体でビタミンＤが作られ、健康的な骨を維持することもできるし、とりわけ気分が明るくなるのです。僕たちイタリア人がいつも陽気でいられる理由はそこにあるかもしれませんね。要するに、しっかりした対策をとりながら程々にやっていけば、日焼けは決して悪いことではありません！ えっ？ 納得いかないですって？ 思った通りです！ 残念ながらこの文化の違いについては、永遠に議論していても一致点に達することは決してないでしょうね！

Matrimonio alla "giapponese"

🔊 17

Quando mi ero da poco stabilito qui in Giappone, degli amici di Tokyo mi invitarono alla loro festa di matrimonio. Non avendovi mai preso parte[1], l'idea di poter assistere a delle nozze in stile giapponese mi entusiasmava davvero molto e, come se fossi stato io quello che avrebbe dovuto sposarsi, quanto più si avvicinava il grande evento, tanto meno[2] riuscivo a controllare la mia euforia. Già mi immaginavo l'ingresso degli sposi in un santuario scintoista immerso nel verde della natura, in un giorno di pioggia autunnale: lei nel suo kimono a strati, candido come la neve, con un'elaborata acconciatura e copricapo di seta bianco. Lui con i pantaloni *hakama*, il soprabito *haori* e il laccetto con pompon in bella vista. Il tutto scandito dalle note austere[3] del flauto *hichiriki* a dare quel tocco di magia, proprio come nei cartoni animati giapponesi che vedevo da piccino e che catturavano sempre la mia attenzione.

Il fatidico giorno[4] del sì, però, realizzai che quel matrimonio aveva ben poco a che fare con la tradizione giapponese. A pensarci col senno di poi[5], avrei dovuto rendermene conto immediatamente, quando

日本の結婚式

　日本に来て間もない頃、東京の友人が彼らの結婚式に招待し
てくれました。それまで参加したことがなかったので、伝統的な
和風の結婚式に出席することを考えるだけですごくワクワクし、
まるで僕自身が結婚するかのように、当日が近づくほどますます
興奮を抑えられなくなっていたのです。早くも新郎新婦が登場す
るところを想像していました。秋の雨の日、自然の緑に囲まれた
神社にて。純白の雪のような白無垢を着て、手の込んだ髪形に
白い綿帽子を被る花嫁。一方、大きな房の付いた羽織紐を締め
た、立派な羽織袴姿の花婿。BGMは神秘的な雰囲気を演出し
てくれる篳篥（ひちりき）の渋い音色。それらは子どもの頃に見て、僕をずっ
と魅了し続けた日本のアニメの中で見たのと同じような光景です。

　ところが、誓いを立てる運命の日、その結婚式が日本の伝統と
まったく関係ないことに気が付きました。よく考えると、招待状に
記載された式場についての説明に「チャペル」という言葉を見た
時にすぐに気付くべきだったかもしれません。「式が行われる神

1　**non avendovi mai preso parte:** そこに参加したことがなかった
　　ので < prendere parte a... (vi=a) ～に参加する、加わる
2　**quanto più... tanto meno:** ～すればするほど、より少なく～
3　**austere:** おごそかな、渋い < austero
4　**il fatidico giorno:** 運命の日　fatidico 宿命の、決定的な
5　**col senno di poi:** 後知恵で、結果論で　senno 思慮、知恵、判断力
　　poi 将来、後

sulla partecipazione[6], nella parte relativa alle indicazioni sulla location, avevo letto la parola "chapel". "Sarà un modo trendy per indicare il tempio dove si svolgerà il rito", pensai tra me e me. Ma mi sbagliavo di grosso, perché le nozze furono celebrate in una chiesetta nel cuore di Omotesando. Altro che tempietto nel verde della natura, kimono e musica giapponese: la cerimonia risultò essere completamente in stile occidentale con tanto di marcia nuziale, paggetti e damigelle, riso e petali di rosa. Per non parlare del prete straniero che, in un giapponese con uno spiccato[7] accento inglese, contribuiva a rendere l'atmosfera ancor più esotica di quanto già non fosse.

Chiaramente, se teniamo conto del fatto che una parte della popolazione giapponese è di religione cristiana, non dovrebbe esserci nulla di cui meravigliarsi. Solo che né nella famiglia della sposa, né tanto meno in quella dello sposo, nessuno aveva mai abbracciato il nostro credo religioso. In realtà, si trattava di una cerimonia civile a tutti gli effetti, in una chiesa non consacrata[8] e con un prete semplicemente vestito da prete. Per carità, seppur "leg-

社のおしゃれな言い方なんじゃないかな?」と心の中で思いました
が、大間違いでした。式は表参道の中心地にある小さな教会で
挙げられたのです。森の緑や着物、雅楽どころの話ではありま
せんでした。結婚行進曲、ベールボーイやフラワーガールからラ
イスシャワーやフラワーシャワーに使うお米とバラの花びらまで用
意され、どこからどこまでも洋風の結婚式だったのです。その上、
英語なまりの強い日本語で場をよりエキゾチックに盛り上げてくれ
た外国人の神父さんもいました。

　言うまでもなく、日本人の一部にキリスト教を信仰する方もい
らっしゃることを考えると、教会式でもまったく驚くことはありま
せん。が、花嫁さんの家族にも花婿さんの家族にも我々の信仰
を持っている人は1人もいませんでした。実のところ、その結婚
式はまぎれもない民事婚で、教会は本物の教会ではなく、神父
さんもただ神父の格好をしていただけだったのでした。もちろん、

6　**partecipazione**: 結婚式の招待状、案内状
7　**spiccato**: 特徴のある、著しい
8　**consacrata**: 礼拝の対象とした < consacrare 聖別する、神に捧げる、
　　叙階する

Matrimonio alla "giapponese"

germente" diversa da come me l'ero immaginata, la
funzione fu comunque molto bella e commovente.
La sposa, in abito bianco con strascico[9], velo e bou-
quet, era raggiante, e lo sposo, nel suo impeccabile
smoking, sembrava un attore di Hollywood. Tuttavia non riuscivo proprio a capacitarmene[10]: che
motivo c'era di celebrare le proprie nozze secondo
usanze diverse? Soprattutto qui in Giappone, poi,
dove il rito nuziale tradizionale è a mio avviso uno
dei più belli e affascinanti del mondo. A quanto
sembra, già parecchi anni prima che io arrivassi qui,
probabilmente per l'influenza dei film d'amore stranieri, si era diffusa la moda del matrimonio in chiesa, tanto da far nascere un business vero e proprio
tuttora molto redditizio[11]. Ora, posto che scegliere
di sposarsi all'occidentale o alla giapponese sia a
discrezione puramente personale[12], per noi italiani,
che siamo un popolo molto attaccato alle tradizioni,
questa tendenza è piuttosto difficile da comprendere. Del resto, quella di introdurre festività di culture
straniere, rivisitarle e riadattarle alla propria, è un'a-
bitudine molto comune qui in Giappone. È quel che

僕が想像していたことと「少し」違っていたとは言え、それでも感動的で素敵な結婚式だったことに変わりはありません。ブーケを持ち、裳裾（もすそ）やベールのついた白いウェディングドレスを身にまとった新婦は輝いていましたし、かっこいいタキシード姿の新郎はハリウッドの俳優さんのように見えました。けれども、僕はどうしても納得することができませんでした。どうしてよその国の習慣を採り入れた式を挙げる必要があったんでしょうか？ とりわけ、ここ日本ではなおさらです。伝統的な和風結婚式は世界一美しく魅力的な結婚式のひとつだと僕は思うからです。どうやら僕が日本に来る何年も前に、海外の恋愛映画の影響で教会での結婚式が流行り出し、今もなおかなりの利益を上げるビジネスに成長したようです。日本では洋風の式を挙げるか、和風の式を挙げるかは自由に選べますが、伝統をとても大事にする我々イタリア人からするとこの傾向は少し理解しがたいのです。一方、日本ではよその文化や宗教的な祭礼などを取り入れること、さらにそれを少し変えて自分たちの文化に合わせることが一般的です。例

---

9 strascico: 裳裾

10 capacitarmene: それを納得する < capacitarsi di... ne = di... それを、それについて

11 redditizio: 利益になる、収益の多い

12 a discrezione personale: 自分の判断で、勝手に、好きなだけ

è successo ad esempio nel caso del Natale, di Halloween o San Valentino che, per quanto ancora con valenza[13] prettamente commerciale, sono ormai entrati a far parte del calendario giapponese.

Tornando ai matrimoni tradizionali, recentemente ho saputo che in caso di rito giapponese, soltanto familiari e parenti stretti possono presenziare alla cerimonia. Per cui anche se qualche anno fa i miei amici avessero deciso di festeggiare secondo le abitudini locali, in ogni caso non avrei avuto la possibilità di assistere. Quindi l'unica speranza che mi rimane per poter fare questa esperienza è che io stesso mi sposi in Giappone. Ma dal momento che convolare a nozze[14] non rientra nei miei progetti futuri, né a breve né a lunga scadenza, non mi resta che rassegnarmi e accontentarmi dei cartoni animati!

---

13 valenza: 価値、意味、役割
14 convolare a nozze: 結婚する

えば、クリスマス、ハロウィーン、バレンタインデーなどは、主に商業的な役割を担って、日本でもすっかりおなじみの年中行事になりましたね。

　ところで、伝統的な結婚式の話に戻りますが、和風の結婚式の場合は、式に出席できるのは家族と親族くらいだと最近知りました。つまり、当時、僕の友達が神前式を挙げていたとしても、どちらにしても僕はそこに出席することはできませんでした。こうなると、伝統的な和風結婚式を体験するためには、僕自身が日本で結婚するという選択肢しか残らないですね。問題は僕の近い未来にも遠い未来にも結婚する予定が一切ないことです。諦めてアニメに出てくる場面で満足するしかないですかね！

Meglio tardi che mai?

"Si avvisano i signori viaggiatori che il treno regionale proveniente da Napoli Centrale per Roma Termini delle 7.05 arriverà con dieci minuti di ritardo. Ci scusiamo per il disagio". Quante volte avrò sentito questo odioso annuncio del capostazione nei quattro anni in cui ho frequentato l'università, quando ogni mattina dovevo prendere il treno per andare a Roma. Almeno tre giorni su cinque si ripeteva sempre la stessa storia: una volta per un guasto alla locomotrice, un'altra per un palo della corrente schiantatosi[1] sulle rotaie; un'altra ancora per lo sciopero dei ferrotranvieri o per una mucca spericolata che invece di utilizzare gli appositi passaggi a livello decideva di attraversare i binari dove e come preferiva! Per un motivo o per l'altro, quel treno non ce la faceva proprio ad arrivare in orario e quelle poche volte in cui miracolosamente ci riusciva, si fermava improvvisamente a metà tragitto rimanendo lì, immobile nel bel mezzo delle campagne della pianura pontina, senza fare il minimo cenno di[2] ripartire. Ma la maggior parte dei passeggeri non batteva ciglio[3]. Probabilmente perché in Italia, dove abbiamo

遅くとも来ないよりまし？

「お知らせいたします。ナポリ・チェントラーレ発、ローマ・テルミニ行き7時5分の各駅停車は10分遅れて到着いたします。大変申し訳ありません」。大学に通った4年の間、毎朝ローマに向かう列車に乗る時に駅長のこのいまいましいアナウンスを何回聞いたことでしょう？ 少なくとも5日に3回は絶えず同じことの繰り返しでした。時には機関車が故障したり、または電柱が線路に倒れたり、別の日は鉄道員がストライキしたり、無謀な牛が所定の踏切ではなく、自分勝手に決めた場所で線路を渡ろうとしたことも！ 様々な理由で、あの7時5分の電車は時間通りに到着することがどうしてもできなかったのです。奇跡的にそれができた時でも途中で急に止まり、ポンティーナ平野の畑のど真ん中でびくともしなくなって、再び動き出す気配をまったく見せなくなることもありました。それでもほとんどの乗客は一切文句を言いませんでした。それはおそらく、イタリアでは時間の感覚が日本と

---

1 **schiantatosi:** 倒れていた、押しつぶされていた < che si era
   schiantato [schiantarsiの過去分詞]
2 **senza fare il minimo cenno di:** まったく〜しようとしない < fare
   cenno 合図（指示）をする　minimo 最小の
3 **non batteva ciglio:** 何も反応しなかった、文句を言わなかった
   < battere ciglio まばたきをする

una concezione del tempo completamente diversa rispetto a quella che si ha in Giappone, cinque, dieci o anche quindici minuti di ritardo rientrano nella norma e fanno parte degli imprevisti[4] da mettere in conto[5].

Per le persone precise come me, però, che ci tengono molto ad essere sempre puntuali, quei cinque o dieci minuti bastavano a rovinare i programmi e soprattutto l'umore dell'intera giornata. Dalla stazione della mia città fino a Roma Termini, infatti, ci volevano esattamente quarantacinque minuti, da sommare agli altri dieci a piedi fino all'università. Arrivare in tempo alle lezioni, che cominciavano alle otto, con il treno delle 7.05 perennemente in ritardo era fisicamente impossibile e per evitare ogni rischio non mi restava che[6] anticipare la partenza. Peccato che[7] all'epoca i treni per Roma viaggiavano con una frequenza di uno ogni ora e prendere quello prima alle 6.05 significava, seppure abitassi a dieci minuti di macchina dalla stazione, dover uscire di casa alle cinque. Eh già, perché l'unico modo per raggiungere la mia stazione, quella di

大分違い、5分、10分、いや15分までの遅れは普通のことで、想定内とされているからです。

とは言え、いつも時間通りに着くことが大事だと思っている、僕みたいに几帳面な人間からすると、その5分、10分は1日のスケジュールを台無しにし、そして何より嫌な気分にさせるのに十分でした。僕の地元からローマ・テルミニ駅まではちょうど45分かかり、さらにテルミニ駅から大学までは歩いて10分でした。永遠に遅れ続ける7時5分の電車では8時に始まる授業に間に合うのは物理的に無理だったので、遅刻するリスクを避けるために、僕は家を出る時間を早めるしかありませんでした。しかし、問題はローマ行きの電車が当時1時間に1本しかなかったことで、駅まで車で10分くらいの場所に住んでいたにもかかわらず、1本前の6時5分の電車に乗るには、家を5時に出なければならなかったのです。それは、僕の地元のラティーナ駅にたどり着く唯

---

4 **imprevisti:** 予想外のこと ＜ imprevisto
5 **mettere in conto:** 書き留める、覚えておく、頭に入れる、視野に入れる
6 **non mi restava che:** 〜するしかなかった、〜するよりほかなかった
　　＜ restare 残る
7 **peccato che:** 残念ながら〜だ

Latina, era usare l'autobus, un altro mezzo di trasporto poco affidabile del quale non si sapeva neppure a che ora sarebbe passato di preciso, dato che il solo orario indicato sul cartello della fermata era quello della partenza dal capolinea. In parole povere, per arrivare in tempo all'università alle otto dovevo iniziare a muovermi più di tre ore prima ed affrontare un'odissea[8] infinita per una distanza che ricopriva a malapena[9] settanta chilometri. Una vera e propria agonia. E nemmeno potevo fare storie davanti ai miei genitori perché "noi per andare a scuola dovevamo camminare due ore", replicavano ogni volta che li imploravo di accompagnarmi almeno alla stazione in macchina. Secondo loro, già solo per il semplice fatto di avere un mezzo che mi portasse comodamente seduto a destinazione dovevo ritenermi più che fortunato. Che poi fosse in ritardo o meno non era così importante.

Tutt'altra storia in Giappone, che in quanto a puntualità e precisione dei mezzi di trasporto rimane indiscutibilmente il numero uno nel mondo. Qui infatti non solo i treni e la metropolitana, ma persi-

一の手段はバスで、これまた何時に来るか正確には分からない信用できない乗り物だったからです。バス停の看板に書いてあったのは始発駅からの出発時間だけでしたからね。要するに、遅れずに8時に大学に着くためには3時間以上も前に動き出し、たった70キロ弱の距離なのに終わりなき長旅のような苦労をしなければならなかったのです。まさに死の苦しみでした。しかも親の前で弱音を吐くことも一切できず、「せめて駅まで車で送ってくれ」と僕が哀願しても、「私たちは登校するのに2時間も歩かなければならなかったんだよ」といつも言い返され、却下されていたのです。のんびり座っていたら目的地に運んでくれる交通手段があるだけで十分ラッキーと思うべきで、遅れようが遅れまいが大した問題ではないと言うのです。

　これに対して、交通機関の時間厳守や正確さに関しては間違いなく世界一である日本は、まったく真逆ですね。ここでは電車や地下鉄だけでなくバスでさえ1000分の1秒も遅れないのでは

8　**odissea**: 波瀾万丈の長旅
9　**a malapena**: かろうじて、わずかに、どうにかこうにか

no gli autobus arrivano quasi sempre perfettamente in orario spaccando il millesimo di secondo[10]. E in quelle rare occasioni in cui per cause di forza maggiore[11], come un tifone, un incidente di percorso o un problema tecnico, dovessero mai fermarsi, in meno di cinque minuti, tra una lunga serie di scuse per il disturbo arrecato e spiegazioni dettagliate relative alle cause del ritardo, tutto risolto e di nuovo in corsa come se nulla fosse successo. Il bello è che, malgrado cotanta efficienza, mi capita spesso di vedere giapponesi che appena sentono dire sul treno anche solo "due minuti di ritardo" iniziano ad innervosirsi e a storcere il naso[12]! D'altra parte qui la puntualità è quasi un'ossessione, tant'è vero che[13] un paio di anni fa – la notizia fece il giro di molte testate giornalistiche on line del globo destando non poco stupore – quando un treno della linea Tsukuba Express partì alle 9.44.20 anziché alle 9.44.40, quindi con un anticipo di venti irrisori secondi, la compagnia ferroviaria arrivò addirittura a scusarsi per il "terribile inconveniente". Che dire se non... cose dell'altro mondo[14]!

ないかと思うほど時間通りに来ます。滅多にないですが、台風や事故または電車の故障のようなやむをえない理由で止まることがあれば、お詫びと遅延の具体的な理由を丁寧に述べるアナウンスが流れて、5分もかからないうちに問題を解決し、何もなかったかのようにすぐに再出発。でも何がすごいかと言うと、こんなに完璧に対応してくれるのに、「2分遅れています」と聞いたとたんに電車の中で機嫌が悪くなり、イライラし始める日本人を見かけることです！ まあ、それくらい時間を守ることに取りつかれているということですかね。それは、何年か前にあった出来事によく表れているかもしれません。何があったかと言うと、つくばエクスプレスの電車がたった20秒早く、定刻の9時44分40秒ではなく、9時44分20秒に出発してしまった時に、鉄道会社がなんと「大変ご迷惑をお掛け致しました」とお詫びをしたのです。その話題が海外の多くのオンラインニュースに出回って、世界中を少なからず驚かせました。まあね、ほかの国では絶対にありえないことですからね！

---

10 spaccando il millesimo di secondo: 極めて正確 < spaccare il secondo 秒を刻む　millesimo 1000分の1

11 per cause di forza maggiore: やむをえない理由で

12 storcere il naso: (不快、嫌悪を表して) しかめっ面をする

13 tant'è vero che: その証拠に〜である、実際〜である

14 cose dell'altro mondo: 信じがたいこと、この世にないこと altro mondo あの世

Ma quanto chiacchierano gli italiani?

🔊 19

Nell'ultimo capitolo, nel quale vi raccontavo delle mie vicissitudini[1] da pendolare e degli ostacoli che dovevo superare ogni mattina per raggiungere l'università, abbiamo visto come la concezione del tempo possa cambiare notevolmente a seconda del paese in cui ci si trova e quanto ciò influisca direttamente anche sulla precisione dei mezzi di trasporto. Ritornando nel merito dei treni giapponesi, oltre alla loro incredibile puntualità c'è un altro aspetto interessante che li contraddistingue da quelli italiani e che mi ha colpito molto sin dal primo momento che ne ho preso uno: malgrado lo spropositato numero di passeggeri – per lo più costituiti da impiegati in abito scuro e da studenti in divisa – sentire due persone che parlano tra di loro, nelle ore di punta, è un evento più unico che raro[2]. Chi legge il giornale, chi dorme in piedi o chi ascolta la musica. Chi ripassa la lezione di inglese o chi si diletta con i videogiochi, ma mai nessuno che scambi una mezza parola con chi gli è accanto. Praticamente ognuno vive isolato nel suo piccolo mondo e su quasi tutti i treni giapponesi, soprattutto la mattina presto, regna una

イタリア人ってどれだけおしゃべりなの？

　前話で、通学者としての七転び八起きの人生や毎朝大学にた
どり着くまでに乗り越えなければならない困難についてお話しし
た時、国によって時間の感覚がかなりずれていること、またその
ずれが交通機関の正確さにまで影響を与えていることなどが分
かりましたね。日本の電車に話を戻せば、時間通りに来るという
信じ難いこと以外に、イタリアとはまったく違うもうひとつのおも
しろい特徴があり、初めて乗った時には結構驚きました。それは、
たいていの場合、黒っぽいスーツの会社員と制服の学生でびっく
りするほど混み合っているにもかかわらず、ラッシュアワーの際
におしゃべりしている人をめったに見かけないということです。
新聞を読んでいる人もいれば、立ったままで寝ている人も音楽を
聴いている人もいる。また、英語の授業の復習をしている人やゲー
ムで遊んでいる人もいますが、隣の人と一言も言葉を交わさない
人ばかりです。要するにみんなが自分の小さな世界に引きこもり、
特に早朝のほとんどの電車の車内は圧倒的な静けさが支配して

1　vicissitudini: 変遷、浮沈 < vicissitudine
2　più unico che raro: またとない珍しいこと　unico ひとつしかない、
　　唯一の　raro まれな、珍しい、めったにない

tranquillità assoluta, a volte oserei dire inquietante.

Ma perché nessuno parla? "È ovvio", direte voi, "chi è solo con chi vuoi che parli?". Effettivamente, quando la mattina la gente va al lavoro difficilmente viaggia in compagnia e quindi, non avendo un interlocutore con cui conversare, è abbastanza naturale che si rimanga in silenzio durante il tragitto. Ma anche quando due colleghi o due compagni di scuola si ritrovano sulla stessa carrozza, difficilmente li si sente parlare, e se pur dovessero farlo, il tono della loro voce sarebbe talmente basso da risultare quasi impercettibile[3]. Forse ciò dipende dal fatto che, come già accennato precedentemente, qui in Giappone si è educati a non invadere lo spazio altrui ed è molto importante saper "leggere l'aria", ovvero "adeguarsi al contesto in cui ci si trova". Mettersi a parlare ad alta voce in un luogo dove non si sente volare una mosca[4], oltre a far correre il rischio di essere etichettato come uno che non sa leggere tra le righe, potrebbe dare fastidio al prossimo. E non a caso, per non disturbare gli altri passeggeri, sui treni giapponesi non è consentito parlare al cellulare.

いるのです。

　どうして誰もしゃべらないの？「当たり前でしょう。1人なのに一体、誰としゃべると言うの？」と皆さんは思うでしょう。確かに、人は常に誰かと共に行動しているわけではないので、朝、仕事に向かう時など、話す相手がいなくて移動中に静かになることは割と自然ですよね。と言っても、日本では会社の同僚や学生が仲間同士で同じ車両にいても、話しているところをあまり見かけません。話すことがあったとしても彼らの声のトーンはほとんど聞こえないくらい非常に低いのです。これはおそらく以前にも取り上げたように、日本では他人のパーソナルスペースに入り込まないように教育され、「空気を読む」つまり「周りの状況に合わせる」ことがとても大事だとされているからだと思います。静まり返っている場所で大声で話し出すのは、「空気が読めない奴」というレッテルを貼られるリスクがある上に、他人に迷惑をかけることにもなります。そんなわけで、ほかの乗客を困らせないよう、日本の電車で携帯電話での通話が許されていないのも決して偶然ではありません。

3　**impercettibile**: 知覚できない、気付かない
4　**non si sente volare una mosca**: ハエの飛ぶ音ひとつ聞こえないほど静かだ、静まり返っている　mosca ハエ

Ma quanto chiacchierano gli italiani?

Ora, se in Italia dovessero mai impedirci di usare il cellulare o ancor peggio di parlare sul treno, scoppierebbe immediatamente, e per ovvie ragioni[5], una sommossa popolare! Eh sì, perché noi italiani siamo un popolo di grandi chiacchieroni e in treno, che sia il primo della mattina di un giorno lavorativo o l'ultimo della sera di un giorno festivo, non solo parliamo al telefono dei fatti nostri[6], senza farci troppi scrupoli[7] di chi c'è intorno, ma anche quando viaggiamo da soli ci mettiamo a chiacchierare con la prima persona che ci capita davanti. Di cosa parliamo? Di un po' di tutto: della partita di calcio della sera prima, dell'ultimo scandalo in politica, del vincitore del Festival di Sanremo[8], della nostra vita sentimentale, della suocera che senza preavviso si è presentata a casa per il fine settimana e via dicendo. Ogni scusa è buona per attaccare bottone[9] e dare fiato alla bocca[10]! E questo avviene non soltanto in treno, ma un po' ovunque: dal piccolo bar di quartiere alla cassa del supermercato; dai corridoi della scuola agli spogliatoi della palestra. Persino in aereo! Quanti di voi, su un volo diretto a Roma o a Milano,

　ところで、もし仮にイタリアで電車内での通話や、ましてやしゃべること自体が禁止されるようになったら、すぐさま反乱が起こってしまうでしょう。当然ですよ！　だって僕たちイタリア人はおしゃべりが大好きで、平日の始発であろうが祭日の終電であろうが、電車の中でも周りをあまり気にせず、プライベートなことを電話で話しまくるからです。1人の時は目の前に最初に現れた人とおしゃべりします。何についてかですって？　何でもありです。前夜のサッカーの試合や政治の最新スキャンダルとか。サンレモ音楽祭の優勝者や自分自身の恋愛事情とか。予告もせずに週末に家に遊びに来た姑についてなど、いろいろと話します。誰かに声をかけて話せるのであれば話題は何でもいいのです！　しかも、電車の中だけでなく、どこでもしゃべりまくります。街の小さなバールからスーパーのレジ、学校の廊下からジムの更衣室まで。飛行機の中だって同様です！　皆さんも、ローマやミラノ行きの飛行機内で、

5　per ovvie ragioni: 当然のこととして ＜ ragione 理由、わけ

6　fatti nostri: 個人的なこと、プライベートなこと　fatto 出来事、実際に起こったこと

7　senza farci troppi scrupoli: 良心のとがめを感じずに何でも平気でやれる ＜ scrupolo 遠慮

8　Festival di Sanremo: サンレモ音楽祭　リグーリア州のサンレモで毎年2月に開催されるポピュラー音楽の祭典

9　attaccare bottone: 声をかける、人を長話の巻き添えにして引き止める　bottone ボタン

10　dare fiato alla bocca: 適当にしゃべる　fiato 息

a causa di alcuni italiani impegnati in una discussione animata – chissà poi perché sempre davanti alla porta del bagno – non avranno chiuso occhio per tutto il viaggio e avranno pensato: "Basta! Ma quanto chiacchierano!". Il fatto è che, spinti fondamentalmente dalla curiosità, chiacchierare del più e del meno e scambiare delle opinioni, con conoscenti e non, è un'esigenza di cui non possiamo fare a meno e privarci di questo piacere sarebbe un po' come chiederci di annientare la nostra personalità. E poi, forse, un altro motivo per cui non riusciamo proprio a stare zitti è da ricercare nelle famose interrogazioni, durante le quali anche quando non si è preparati, chi si sforza di parlare e si inventa qualcosa è più premiato di chi invece fa scena muta[11]. Per questo, se doveste incontrare un gruppo di italiani un po' rumorosi sul treno o in aereo, vi chiedo di essere indulgenti e di chiudere un occhio. O magari, perché no, provate a rivolgergli la parola e vedrete che sicuramente vi coinvolgeranno nella loro conversazione!

---

11 fa scena muta: 黙り込む、まったく話さない　scena muta 無言の場面

なぜかいつもトイレのドアの前でベラベラベラベラしゃべっているイタリア人のせいでずっと寝られず、「もういい加減にして！　一体どれだけしゃべれば気が済むの！」と思ったことがあるでしょう？　実際、好奇心に駆られて知人とだろうが、赤の他人とだろうが構わず世間話をして意見を交わすというのは、僕たちにとって止むに止まれぬ欲求なのです。しゃべる喜びが奪われたら、それは僕たちの個性を殺せと言われるに等しいのです。そもそも黙っていられない理由は、かの有名な口頭試問で鍛えられることにあるのかもしれませんね。勉強をしていない場合でも質問された時に黙り込む人よりも、とにかく何かをしゃべろうと努力する人の方が褒められますからね。と言うわけで、もし電車や飛行機の中で少しうるさいイタリア人に遭遇したら、温情をもってお目こぼししてやってください。もしくは、声をかけてみてはいかがですか？きっと仲間に入れてくれるはずですよ！

Postfazione

🔊 20

"Un paio d'anni per approfondire il mio giapponese e poi torno a casa". Così avevo rassicurato i miei genitori, quando, un giorno di quella lontana estate del 2002, mi accompagnarono all'aeroporto di Fiumicino per imbarcarmi sul volo diretto a Tokyo. E invece... Chi avrebbe mai pensato che per tutto questo tempo – ormai ho perso il conto di quanto ne è passato – sarei rimasto in questo Paese a me molto caro e a cui tengo esattamente come al mio. Tante le indimenticabili esperienze vissute qui, tante le scoperte e tante le sorprese che, seppur in piccola parte, ho avuto modo di condividere con voi in questa raccolta di brevi saggi. Ringrazio dal profondo del mio cuore Elena Ricci Sato e Kaori Someya per la revisione accurata dell'italiano e del giapponese, Charlotte Inoue per le spiritosissime illustrazioni, e Akiko Shigetomi e Kazuyo Sato della redazione per la preziosa collaborazione. Un ringraziamento speciale, inoltre, agli amici lettori e a tutti coloro che non hanno mai smesso di sostenermi, dimostrandomi sempre un calorosissimo affetto!

Matteo Inzeo

あとがき

　「2年くらいで日本語をマスターしたら、帰ってくるからね」。2002年のあの遠い夏のある日、東京行きの飛行機に乗るためにフィウミチーノ空港まで送ってくれた両親を僕はこう言って安心させました。そのはずだったのですが……。こんなに長い間日本に滞在することになるなんて、一体誰が想像したでしょう。もはや数えきれないほどの年月が経ち、僕にとってこの国はとても愛しく、母国のように大切な存在になりました。ここ日本での数々の忘れがたい体験、発見、そして驚き、その一部だけでもこのエッセイ集を通じて皆さんと共有することができたのではないかと思います。イタリア語と日本語を正確に校正してくださった佐藤エレナさん、染谷香織さん、ユーモアあふれるイラストを描いてくださったシャルロット井上さん、編集の重冨亜喜子さん、佐藤和代さんの多大な協力に感謝の気持ちでいっぱいです。そして何より、読者の皆さん、愛情を込めて今までずっと応援してくださった皆さん、本当にありがとうございました！

マッテオ・インゼオ

Matteo Inzeo

1976 年生まれ。ラツィオ州ラティーナ出身。ローマ大学日本語・日本文学科卒業。2002 年に「語学指導等を行う外国青年招致事業（JET プログラム）」で来日し、イタリア語教師として活躍。2005 年より NHK テレビ「テレビでイタリア語」、2017 年より NHK テレビ「旅するイタリア語」、2010 年より NHK ラジオ「まいにちイタリア語」に出演。DITALS（外国人へのイタリア語教授法認定資格）所有。2014 年「日本語能力試験 1 級」合格。趣味は外国語学習、ファッション、読書、料理など。空手初段。

本書は、NHK テレビ「旅するイタリア語」2017 年 10 月〜2020 年 3 月号に連載された "Ma perché in Giappone...? Curiosità e stravaganze dal Sol Levante" に加筆・修正のうえ再編集したものです。

音声DL BOOK イタリア語エッセイ

風変わりで愛しいニッポン

2020 年 4 月 15 日　第 1 刷発行

著者	マッテオ・インゼオ
	©2020 Matteo Inzeo
発行者	森永公紀
発行所	NHK出版
	〒 150-8081　東京都渋谷区宇田川町 41-1
	電話　0570-002-045（編集）
	0570-000-321（注文）
	ホームページ　http://www.nhk-book.co.jp
	振替　00110-1-49701
印刷・製本	光邦

Printed in Japan　ISBN978-4-14-035166-6　C0087